全国技工院校汽车维修专业（中级技能层级）

汽车底盘拆装与维修实训（第二版）

工作页

姜海朋◎主编

中国劳动社会保障出版社

简介

本工作页是全国技工院校汽车维修专业模块化教材（中级技能层级）《汽车底盘拆装与维修实训（第二版）》的配套用书，按照教材的任务顺序编写，每个任务都包含“实训目标”“实训准备”“技能训练”“考核评价”等环节。本工作页关注学生的学习过程，强调知识、技能的同步提升，适合技工院校汽车维修专业教学使用。

本工作页由姜海朋任主编，周兆禹、董志明、刘翔、曹玉洁、朱健云、张春、黄河、李沐琪参与编写，余成路审稿。

图书在版编目（CIP）数据

汽车底盘拆装与维修实训（第二版）工作页 / 姜海朋主编. -- 北京：中国劳动社会保障出版社，2024.
（全国技工院校汽车维修专业：中级技能层级）.
ISBN 978-7-5167-6610-1

Ⅰ. U463.106；U472.41

中国国家版本馆 CIP 数据核字第 2024U86M37 号

中国劳动社会保障出版社出版发行

（北京市惠新东街 1 号　邮政编码：100029）

*

涿州市星河印刷有限公司印刷装订　　新华书店经销

787 毫米 ×1092 毫米　16 开本　7.25 印张　145 千字

2024 年 8 月第 1 版　　2025 年 11 月第 2 次印刷

定价：15.00 元

营销中心电话：400-606-6496

出版社网址：http://www.class.com.cn

http://jg.class.com.cn

目　录

模块一　汽车底盘的总体构造与维护

任务1　举升机的使用

一、实训目标

1. 能按照规范流程使用剪式举升机举升车辆。
2. 能总结举升机使用的注意事项。
3. 能描述不同类型举升机的特点。

二、实训准备

1. 实训车辆检查

根据任务要求，将实训车辆停放在规定位置，安全固定后检查车辆状况并将检查结果记录在下表中。

实训车辆检查

品牌型号		VIN	
行驶里程		发动机号码	
外观检查			
内部检查			

2. 实训器材准备

根据任务要求，准备相关的实训器材，清点核对后将检查结果记录在下表中。

实训器材清单

序号	名称	说明	检查结果
1	剪式举升机	含举升垫块	
2	车轮挡块		
3	举升机操作规程	与举升机品牌型号相匹配	

3．安全防护措施

（1）实训人员应穿工作服和防护鞋。

（2）实训车辆应做好防护，确保车辆举升安全可靠。

（3）操作过程应规范、标准，设备使用应严格遵守操作规程，注意人身和设备安全。

（4）遵循“8S”管理规定。

三、技能训练

举升机的使用

班级：　　　　　　　　　　　姓名：　　　　　　　　　　　工位：

序号	操作步骤	操作内容	情况记录
1	操作前准备	（1）检查车辆停放位置 1）将车辆停至举升机举升平台正上方。在车辆前方检查左右位置，车辆中心应与＿＿＿＿＿＿＿＿＿＿＿＿＿＿大致重合 2）在车辆一侧检查前后位置 3）安放＿＿＿＿＿＿ （2）认识举升机操作台 1）左侧旋钮：电源开关 2）向上指示按钮（上升按钮）：＿＿＿＿操作 3）双齿按钮（锁止按钮）：＿＿＿＿＿操作 4）向下指示按钮（下降按钮）：＿＿＿＿操作 5）双箭头向下指示按钮（复位按钮）：＿＿＿＿＿操作 6）红色按钮（急停按钮）：＿＿＿＿＿操作	一般轿车的发动机前置，整车质量集中在车辆前部，因此车辆应稍＿＿＿＿

续表

序号	操作步骤	操作内容	情况记录
1	操作前准备	（3）举升操作准备 1）打开举升机操作台电源开关，按下上升按钮，使举升平台上升约____________ 2）调节可拉伸平台位置	可拉伸平台用于控制举升平台前、后间距，针对不同长度的车辆应进行必要的调节，举升平台前、后间距越大，举升稳定性越____
2	举升车辆	（1）安放举升垫块 （2）举升至低位，检查车辆稳固情况 1）按下上升按钮，使举升垫块完全支撑车辆，举升平台托起车辆上升至轮胎底部距地面约____________________。按压车辆前部，晃动车辆，检查车辆稳固情况 2）按压车辆后部，晃动车辆，检查车辆稳固情况 （3）举升车辆至需要高度 长按______按钮，举升平台托起车辆缓慢上升，上升到所需高度位置后，松开按钮	前、后、左、右共安放四个举升垫块，使垫块上的槽口与__________________________________对齐 支撑位置如有偏差，应进行相应调整 严禁野蛮操作，轻微按压，观察车辆晃动情况 举升过程中，双眼应________________，避免无关人员靠近车辆 关注车辆两侧上升一致性，避免两侧不平衡发生安全事故；离

续表

序号	操作步骤	操作内容	情况记录
2	举升车辆		开操作台时，必须按下______按钮或关闭____________，避免他人误操作
		（4）安全锁止举升机 长按______按钮，举升平台连同车辆回落一定高度，观察举升机锁止机构锁齿是否完全啮合	锁止机构完全锁止才可以松开按钮 如果举升机没有完全锁止，切不可进行其他操作
		（5）举升车辆至高位	举升机上升至最高位时，应立即停止上升操作；当需要在车辆下方工作时，应规范佩戴安全帽
3	降下车辆	（1）下降前检查	确认举升车辆下方没有人员或其他物品
		（2）降下车辆 长按______按钮，观察车辆下降全过程，待轮胎即将与地面接触时，松开按钮	操作举升机下降按钮时，举升机先自行进行解锁操作，锁止机构锁齿在气压作用下被顶开，举升平台先上升后下降 检查____________是否正常，否则举升机难以解锁
		（3）复位举升机 长按______按钮，举升机继续下降，观察举升平台位置，在举升平台底部到达水平面前，松开按钮	复位过程中，举升机会发出__________，此时严禁无关人员靠近；复位过程中，轮胎会接触地面，举升垫块与车辆分离

续表

序号	操作步骤	操作内容	情况记录
3	降下车辆	（4）取出举升垫块 （5）收回可拉伸平台 （6）继续复位举升机 再次长按复位按钮，举升机继续下降，待举升平台上平面完全低于水平面后，松开按钮，随后关闭电源开关	下降过程中密切关注举升机的运行状态，如有异常，应及时停止 操作时应关闭操作台____________，避免其他人员操作举升机
4	操作后整理	按照“8S”管理规定打扫卫生，整理实训场地	

任务总结

1. 对任务完成情况、技术要点、操作注意事项、存在问题等进行总结。
2. 描述不同类型举升机的特点。

四、考核评价

考核评价表

班级： 姓名： 工位：

项目	评价内容	评价要点	配分	评价
准备工作	实训车辆检查	实训车辆停放在规定位置，固定安全，状况良好	2	
	实训器材准备	实训器材配备齐全	2	
		举升机使用情况良好，锁止装置正常	2	
		车轮挡块、举升垫块无损坏	2	
	安全防护	防护用品穿戴整齐	2	
		实训车辆防护措施到位	2	
专业技能	操作要点和技术规范	正确停放车辆，车辆中心和举升机安装位置中心大致重合、稍稍靠后	7	
		合理调节举升机可拉伸平台位置	7	
		正确安放举升垫块，对称布置，与车辆合理接触	7	
		正确操作举升机举升车辆至低位，并检查车辆稳固情况	7	
		正确操作举升机举升车辆至需要高度，并锁止举升机	7	
		正确操作举升机举升车辆至高位	7	
		正确操作举升机使车辆平稳下降	7	
		正确收起可拉伸平台，并复位举升机	7	
		在操作举升机上升和下降的过程中目视车辆周围，并作有效地提醒	7	
		在离开举升机操作台时及时关闭电源开关或者按下急停按钮	7	
职业素养	“8S”管理	遵循“8S”管理规定（整理、整顿、清扫、清洁、素养、安全、节约、学习）	8	

续表

项目	评价内容	评价要点	配分	评价
职业素养	资料查询和报告撰写	正确查阅举升机操作规程和使用注意事项，并记录技能训练情况	5	
		根据实训要求，积极参与课堂汇报，并撰写好总结报告	5	
安全生产	因违规操作导致工具、设备损坏，扣 10 分			
	因违规操作导致触电、火灾、人身安全事故、设备重大损坏，记 0 分			
总评分				

教师签名：　　　　　　　　　　考核日期：

任务2　汽车底盘的基本检查与日常维护

一、实训目标

1. 能按照规范流程完成汽车底盘的基本检查。
2. 能根据汽车行驶状况确定汽车底盘日常维护项目。

二、实训准备

1. 实训车辆检查

根据任务要求，将实训车辆停放在规定位置，安全固定后检查车辆状况并将检查结果记录在下表中。

实训车辆检查

品牌型号		VIN	
行驶里程		发动机号码	
外观检查			
内部检查			

2. 实训器材准备

根据任务要求，准备相关的实训器材，清点核对后将检查结果记录在下表中。

实训器材清单

序号	名称	说明	检查结果
1	举升机		
2	零件车		
3	工具车		
4	轮胎气压表		
5	吸油纸		
6	抹布		
7	防护手套		
8	维修手册	与实训车辆相匹配	

3. 安全防护措施

（1）实训人员应穿工作服和防护鞋，戴防护手套。

（2）实训车辆应做好防护，确保车辆举升安全可靠。

（3）操作过程应规范、标准，设备使用应严格遵守操作规程，注意人身和设备安全。

（4）遵循“8S”管理规定。

三、技能训练

汽车底盘的基本检查与日常维护

班级： 姓名： 工位：

序号	操作步骤	操作内容	情况记录
1	举升车辆	举升车辆至合适高度	
2	检查发动机	（1）检查＿＿＿＿＿＿＿＿＿＿是否有机油泄漏 （2）检查＿＿＿＿＿＿＿＿周边是否有机油泄漏 （3）检查＿＿＿＿＿＿＿＿表面是否损伤、变形，吊耳是否松动 （4）检查＿＿＿＿＿表面是否损伤、变形，吊耳是否松动	
3	检查制动系	（1）检查＿＿＿＿＿管路、＿＿＿＿管路是否变形、松动、移位或泄漏 （2）检查＿＿＿＿＿软管是否有裂纹、泄漏，放油螺栓是否松动 （3）检查＿＿＿＿＿＿＿＿是否损伤、变形，安装是否松动	
4	检查转向系	（1）检查＿＿＿＿＿＿＿＿＿是否有裂纹、老化或泄漏 （2）检查＿＿＿＿＿＿＿是否损伤，螺栓是否松动	
5	检查行驶系	（1）检查＿＿＿＿＿＿＿表面是否损伤 （2）检查＿＿＿＿＿是否损伤 （3）根据维修手册中的规定力矩，使用扭力扳手依次检查底盘各固定螺栓的拧紧力矩	

续表

序号	操作步骤	操作内容	情况记录
5	检查行驶系	（4）检查轮胎气压是否在标准范围内	轮胎气压测量值为________ 轮胎气压标准值为________
6	操作后整理	按照“8S”管理规定打扫卫生，整理实训场地	
任务总结			
1. 对任务完成情况、技术要点、操作注意事项、存在问题等进行总结。 2. 描述汽车底盘日常维护的项目和内容。			

四、考核评价

考核评价表

班级：　　　　　　　　　　姓名：　　　　　　　　　　工位：

项目	评价内容	评价要点	配分	评价
准备工作	实训车辆检查	实训车辆停放在规定位置，固定安全，状况良好	2	
	实训器材准备	实训器材配备齐全	2	
		举升机使用情况良好，锁止装置正常	2	
		工具车中工具齐全，无损坏；轮胎气压表工作正常	2	

续表

<table>
<tr><th>项目</th><th>评价内容</th><th>评价要点</th><th>配分</th><th>评价</th></tr>
<tr><td rowspan="2">准备工作</td><td rowspan="2">安全防护</td><td>防护用品穿戴整齐</td><td>2</td><td></td></tr>
<tr><td>实训车辆防护措施到位</td><td>2</td><td></td></tr>
<tr><td rowspan="10">专业技能</td><td rowspan="10">操作要点和技术规范</td><td>正确操作举升机举升车辆至合适位置</td><td>7</td><td></td></tr>
<tr><td>正确检查发动机放油螺栓</td><td>7</td><td></td></tr>
<tr><td>正确检查机油滤清器</td><td>7</td><td></td></tr>
<tr><td>正确检查尾气排放系统零部件</td><td>7</td><td></td></tr>
<tr><td>正确检查制动管路、燃油管路</td><td>7</td><td></td></tr>
<tr><td>正确检查制动系零部件</td><td>7</td><td></td></tr>
<tr><td>正确检查转向系零部件</td><td>7</td><td></td></tr>
<tr><td>正确检查悬架系统零部件</td><td>7</td><td></td></tr>
<tr><td>正确检查底盘各固定螺栓拧紧力矩</td><td>7</td><td></td></tr>
<tr><td>正确检查轮胎气压</td><td>7</td><td></td></tr>
<tr><td rowspan="3">职业素养</td><td>“8S”管理</td><td>遵循“8S”管理规定（整理、整顿、清扫、清洁、素养、安全、节约、学习）</td><td>8</td><td></td></tr>
<tr><td rowspan="2">资料查询和报告撰写</td><td>正确使用维修手册查询资料，并记录技能训练情况</td><td>5</td><td></td></tr>
<tr><td>根据实训要求，积极参与课堂汇报，并撰写好总结报告</td><td>5</td><td></td></tr>
<tr><td rowspan="2">安全生产</td><td colspan="3">因违规操作导致工具、设备损坏，扣 10 分</td><td></td></tr>
<tr><td colspan="3">因违规操作导致触电、火灾、人身安全事故、设备重大损坏，记 0 分</td><td></td></tr>
<tr><td colspan="4">总评分</td><td></td></tr>
</table>

教师签名：　　　　　　　　　　　　考核日期：

模块二　汽车制动系的拆装与检修

任务1　盘式制动器的拆装与检查

一、实训目标

1. 能按照规范流程完成盘式制动器的拆装与检查。
2. 能描述盘式制动器的组成和功能。
3. 能总结盘式制动器拆装与检查中的注意事项。

二、实训准备

1. 实训车辆检查

根据任务要求，将实训车辆停放在规定位置，安全固定后检查车辆状况并将检查结果记录在下表中。

实训车辆检查

品牌型号		VIN	
行驶里程		发动机号码	
外观检查			
内部检查			

2. 实训器材准备

根据任务要求，准备相关的实训器材，清点核对后将检查结果记录在下表中。

实训器材清单

序号	名称	说明	检查结果
1	举升机		
2	零件车		
3	工具车		
4	游标深度卡尺		
5	外径千分尺		

续表

序号	名称	说明	检查结果
6	吸油纸		
7	抹布		
8	维修手册	与实训车辆相匹配	

3．安全防护措施

（1）实训人员应穿工作服和防护鞋。

（2）实训车辆应做好防护，确保车辆举升安全可靠。

（3）操作过程应规范、标准，设备使用应严格遵守操作规程，注意人身和设备安全。

（4）遵循“8S”管理规定。

三、技能训练

盘式制动器的拆装与检查

班级： 姓名： 工位：

序号	操作步骤	操作内容	情况记录
1	拆卸车轮总成	（1）拆下车轮螺栓防护罩	严禁野蛮操作，以防损坏防护罩
		（2）预松车轮螺栓	按照________的要求进行，防止车轮变形；车轮螺栓以拧松____圈为宜，避免车轮负重倾斜，造成螺栓螺纹损伤 当螺栓无法拧松时，____________________
		（3）举升车辆至合适高度	举升完毕检查__________，以防发生安全事故
		（4）拆下__________，取下车轮总成	用双手托住轮胎两侧 取出车轮总成时，双手应扶稳，以防车轮总成掉落发生安全事故

续表

序号	操作步骤	操作内容	情况记录
2	拆卸盘式制动器	（1）将转向盘转至____________，以使制动器向外偏移，便于后续拆卸	
		（2）拆卸制动摩擦片定位弹簧	拉出弹簧，手部力量不够时，可借用工具撬出 严禁野蛮操作，以防损坏弹簧
		（3）拆下制动钳总成固定螺栓	上、下各有____个螺栓
		（4）取下制动钳总成	
		（5）将制动钳总成悬挂于车架上	以防制动钳总成掉落拉断____________
		（6）取下制动摩擦片，并用__________擦拭干净	制动摩擦片表面不应沾染油污，否则会导致制动器打滑
		（7）拆下制动盘固定螺钉	
		（8）取下制动盘，并用________擦拭干净	
3	检查盘式制动器	（1）用______________测量制动摩擦片厚度	磨损极限为___________（包括底板）；如果厚度小于磨损极限，必须______ 制动摩擦片测量厚度为______

续表

序号	操作步骤	操作内容	情况记录
3	检查盘式制动器	（2）用________测量制动盘厚度	测量点距离边缘约 5 mm，转动制动盘，每隔________测量一次 制动盘测量厚度为________________ 制动盘标准厚度为____________，磨损极限为__________ 根据维修手册要求，如果厚度小于磨损极限，必须______ 制动盘表面如有裂纹等，必须______
4	装复盘式制动器	（1）安装制动盘 （2）拧紧制动盘固定螺钉 （3）安装制动摩擦片 （4）安装制动钳总成，并按规定力矩拧紧固定螺栓 （5）安装制动摩擦片定位弹簧	安装时注意制动摩擦片的______ 更换新的制动摩擦片时，需要使用专用工具将活塞顶回 制动钳总成固定螺栓的拧紧力矩为____________ 注意区分____________，不可装错 严禁野蛮操作，以防损坏弹簧

续表

序号	操作步骤	操作内容	情况记录
5	装复车轮总成	（1）安装车轮总成，并旋上、预紧车轮螺栓	检查车轮螺栓______是否损坏，若是，应更换螺栓
		（2）转动车轮总成，检查____________________	如有，应检查____________________
		（3）降下车辆，使轮胎__________________，按规定力矩拧紧车轮螺栓	分 2 ~ 3 次______拧紧 车轮螺栓的拧紧力矩为________________
		（4）安装车轮螺栓防护罩	严禁野蛮操作，以防损坏防护罩
6	操作后整理	按照“8S”管理规定打扫卫生，整理实训场地	

任务总结

1. 对任务完成情况、技术要点、操作注意事项、存在问题等进行总结。
2. 描述盘式制动器的组成和功能。

四、考核评价

考核评价表

班级： 姓名： 工位：

项目	评价内容	评价要点	配分	评价
准备工作	实训车辆检查	实训车辆停放在规定位置，固定安全，状况良好	2	
	实训器材准备	实训器材配备齐全	2	
		举升机使用情况良好，锁止装置正常	2	
		工具车中工具齐全，无损坏	2	
	安全防护	防护用品穿戴整齐	2	
		实训车辆防护措施到位	2	
专业技能	操作要点和技术规范	正确拆卸车轮总成	7	
		正确拆卸制动钳总成	8	
		正确拆卸制动盘	8	
		根据维修手册，正确检查制动摩擦片厚度	8	
		根据维修手册，正确检查制动盘厚度	8	
		正确安装制动盘	8	
		根据维修手册，按规定力矩正确拧紧制动钳总成固定螺栓	8	
		正确安装制动摩擦片定位弹簧	8	
		根据维修手册，按规定力矩正确拧紧车轮螺栓	7	
职业素养	“8S”管理	遵循“8S”管理规定（整理、整顿、清扫、清洁、素养、安全、节约、学习）	8	
	资料查询和报告撰写	正确使用维修手册查询资料，并记录技能训练情况	5	
		根据实训要求，积极参与课堂汇报，并撰写好总结报告	5	
安全生产	因违规操作导致工具、设备损坏，扣 10 分			
	因违规操作导致触电、火灾、人身安全事故、设备重大损坏，记 0 分			
总评分				

教师签名： 考核日期：

任务2　鼓式制动器的拆装与检查

一、实训目标

1. 能按照规范流程完成鼓式制动器的拆装与检查。
2. 能描述鼓式制动器的组成和功能。
3. 能总结鼓式制动器拆装与检查中的注意事项。

二、实训准备

1. 实训车辆检查

根据任务要求，将实训车辆停放在规定位置，安全固定后检查车辆状况并将检查结果记录在下表中。

实训车辆检查

品牌型号		VIN	
行驶里程		发动机号码	
外观检查			
内部检查			

2. 实训器材准备

根据任务要求，准备相关的实训器材，清点核对后将检查结果记录在下表中。

实训器材清单

序号	名称	说明	检查结果
1	举升机		
2	零件车		
3	工具车		
4	游标卡尺		
5	吸油纸		
6	抹布		
7	维修手册	与实训车辆相匹配	

3. 安全防护措施

（1）实训人员应穿工作服和防护鞋。

（2）实训车辆应做好防护，确保车辆举升安全可靠。

（3）操作过程应规范、标准，设备使用应严格遵守操作规程，注意人身和设备安全。

（4）遵循“8S”管理规定。

三、技能训练

鼓式制动器的拆装与检查

班级： 姓名： 工位：

序号	操作步骤	操作内容	情况记录
1	拆卸车轮总成	按照规范流程拆卸车轮总成	
2	拆卸鼓式制动器	（1）拆卸轮毂盖	使用________插入轮毂盖的观察孔中，拨动驻车制动推杆上的楔形调节块，使制动蹄收缩
		（2）取下轮毂盖	
		（3）拆卸稳定弹簧座圈，并取下稳定弹簧	严禁野蛮操作，以防损坏弹簧
		（4）拆卸下回位弹簧	
		（5）拆卸驻车制动拉索	用钳子取下驻车制动拉索时，防止损坏拉索铆钉
		（6）取下制动蹄总成	
3	分解制动蹄总成	（1）取下自动间隙调节弹簧	拆卸弹簧时，防止________
		（2）取下上回位弹簧和驻车制动推杆弹簧	防止弹簧______

续表

序号	操作步骤	操作内容	情况记录
3	分解制动蹄总成	（3）取下驻车制动推杆和楔形调节块	
4	检查鼓式制动器	用________检查制动蹄片磨损情况	标准厚度为______（不包括底板），磨损极限为______（不包括底板）；制动蹄片表面不应沾染油污，否则会导致______ 制动蹄片测量厚度为______
5	组装制动蹄总成	（1）组装楔形调节块和驻车制动推杆 （2）将驻车制动推杆装在制动蹄片上 （3）安装驻车制动推杆弹簧和上回位弹簧 （4）安装自动间隙调节弹簧	检查楔形调节齿______ 检查驻车制动推杆______ 检查弹簧连接______
6	装复鼓式制动器	按照与拆卸鼓式制动器相反的顺序进行装复	
7	装复车轮总成	按照规范流程装复车轮总成	
8	操作后整理	按照“8S”管理规定打扫卫生，整理实训场地	

续表

任务总结
1. 对任务完成情况、技术要点、操作注意事项、存在问题等进行总结。 2. 描述鼓式制动器的组成和功能。

四、考核评价

考核评价表

班级： 姓名： 工位：

项目	评价内容	评价要点	配分	评价
准备工作	实训车辆检查	实训车辆停放在规定位置，固定安全，状况良好	2	
	实训器材准备	实训器材配备齐全	2	
		举升机使用情况良好，锁止装置正常	2	
		工具车中工具齐全，无损坏	2	
	安全防护	防护用品穿戴整齐	2	
		实训车辆防护措施到位	2	
专业技能	操作要点和技术规范	正确拆卸车轮总成	7	
		正确拆卸轮毂盖	7	
		正确拆卸稳定弹簧	7	

续表

<table>
<tr><th>项目</th><th>评价内容</th><th>评价要点</th><th>配分</th><th>评价</th></tr>
<tr><td rowspan="7">专业技能</td><td rowspan="7">操作要点和技术规范</td><td>正确拆卸下回位弹簧</td><td>7</td><td></td></tr>
<tr><td>正确拆卸驻车制动拉索</td><td>7</td><td></td></tr>
<tr><td>正确分解制动蹄总成</td><td>7</td><td></td></tr>
<tr><td>根据维修手册，正确检查鼓式制动器</td><td>7</td><td></td></tr>
<tr><td>正确组装制动蹄总成</td><td>7</td><td></td></tr>
<tr><td>正确装复鼓式制动器</td><td>7</td><td></td></tr>
<tr><td>根据维修手册，按规定力矩正确拧紧车轮螺栓</td><td>7</td><td></td></tr>
<tr><td rowspan="3">职业素养</td><td>“8S”管理</td><td>遵循“8S”管理规定（整理、整顿、清扫、清洁、素养、安全、节约、学习）</td><td>8</td><td></td></tr>
<tr><td rowspan="2">资料查询和报告撰写</td><td>正确使用维修手册查询资料，并记录技能训练情况</td><td>5</td><td></td></tr>
<tr><td>根据实训要求，积极参与课堂汇报，并撰写好总结报告</td><td>5</td><td></td></tr>
<tr><td rowspan="2">安全生产</td><td colspan="3">因违规操作导致工具、设备损坏，扣 10 分</td><td></td></tr>
<tr><td colspan="3">因违规操作导致触电、火灾、人身安全事故、设备重大损坏，记 0 分</td><td></td></tr>
<tr><td colspan="4">总评分</td><td></td></tr>
</table>

教师签名：　　　　　　　　　　　　考核日期：

任务3 驻车制动装置的拆装与调整

一、实训目标

1. 能按照规范流程完成驻车制动装置的拆装与调整。
2. 能描述驻车制动装置的组成和功能。
3. 能总结驻车制动装置拆装与调整中的注意事项。

二、实训准备

1. 实训车辆检查

根据任务要求，将实训车辆停放在规定位置，安全固定后检查车辆状况并将检查结果记录在下表中。

实训车辆检查

品牌型号		VIN	
行驶里程		发动机号码	
外观检查			
内部检查			

2. 实训器材准备

根据任务要求，准备相关的实训器材，清点核对后将检查结果记录在下表中。

实训器材清单

序号	名称	说明	检查结果
1	举升机		
2	零件车		
3	工具车		
4	吸油纸		
5	抹布		
6	维修手册	与实训车辆相匹配	

3. 安全防护措施

（1）实训人员应穿工作服和防护鞋。

（2）实训车辆应做好防护，确保车辆举升安全可靠。

（3）操作过程应规范、标准，设备使用应严格遵守操作规程，注意人身和设备安全。

（4）遵循“8S”管理规定。

三、技能训练

驻车制动装置的拆装与调整

班级：　　　　　　　　姓名：　　　　　　　　工位：

序号	操作步骤	操作内容	情况记录
1	拆卸驻车制动装置	（1）拆卸驻车制动操纵杆护板 （2）拆卸驻车制动操纵杆固定螺栓，并取出驻车制动操纵杆总成 （3）举升车辆至合适高度，拆卸车轮制动器总成 （4）松开驻车制动拉索回位弹簧，并取下弹簧 （5）拆卸驻车制动拉索 （6）拆卸驻车制动拉索固定卡扣 （7）取出驻车制动拉索	避免将______拉坏 检查驻车制动拉索_____________________________，若是，应______
2	装复驻车制动装置	（1）安装驻车制动拉索固定卡扣 （2）安装驻车制动拉索	

续表

序号	操作步骤	操作内容	情况记录
2	装复驻车制动装置	（3）安装驻车制动拉索回位弹簧 （4）安装车轮制动器总成 （5）安装驻车制动操纵杆总成，并按规定力矩拧紧固定螺栓 （6）安装驻车制动操纵杆护板	驻车制动操纵杆固定螺栓的拧紧力矩为________
3	调整驻车制动装置	（1）松开驻车制动操纵杆 （2）将制动踏板踩至最低 （3）拉起驻车制动操纵杆至听到“咔嗒”一声 （4）调节调整螺母 （5）完全松开驻车制动操纵杆，检查并确认转动车轮总成时，驻车制动器________，必要时重新调整 （6）完全拉起驻车制动操纵杆，确保“咔嗒”声的次数在规定范围内（________次） （7）松开制动踏板	需连续踩________次 转动车轮总成，调节驻车制动器调整螺母直至驻车制动器________

续表

序号	操作步骤	操作内容	情况记录
4	操作后整理	按照“8S”管理规定打扫卫生，整理实训场地	

任务总结

1．对任务完成情况、技术要点、操作注意事项、存在问题等进行总结。

2．描述驻车制动装置的组成和功能。

四、考核评价

考核评价表

班级：　　　　　　　　　　　姓名：　　　　　　　　　　工位：

项目	评价内容	评价要点	配分	评价
准备工作	实训车辆检查	实训车辆停放在规定位置，固定安全，状况良好	2	
	实训器材准备	实训器材配备齐全	2	
		举升机使用情况良好，锁止装置正常	2	
		工具车中工具齐全，无损坏	2	
	安全防护	防护用品穿戴整齐	2	
		实训车辆防护措施到位	2	

续表

<table>
<tr><th>项目</th><th>评价内容</th><th>评价要点</th><th>配分</th><th>评价</th></tr>
<tr><td rowspan="9">专业技能</td><td rowspan="9">操作要点和技术规范</td><td>正确拆卸驻车制动操纵杆护板</td><td>7</td><td></td></tr>
<tr><td>正确拆卸驻车制动操纵杆总成</td><td>7</td><td></td></tr>
<tr><td>正确拆卸车轮制动器总成</td><td>7</td><td></td></tr>
<tr><td>正确拆卸驻车制动拉索</td><td>7</td><td></td></tr>
<tr><td>正确安装驻车制动拉索</td><td>7</td><td></td></tr>
<tr><td>正确安装车轮制动器总成</td><td>7</td><td></td></tr>
<tr><td>正确安装驻车制动操纵杆总成</td><td>7</td><td></td></tr>
<tr><td>正确安装驻车制动操纵杆护板</td><td>7</td><td></td></tr>
<tr><td>根据维修手册，正确调整驻车制动装置</td><td>14</td><td></td></tr>
<tr><td rowspan="3">职业素养</td><td>“8S”管理</td><td>遵循“8S”管理规定（整理、整顿、清扫、清洁、素养、安全、节约、学习）</td><td>8</td><td></td></tr>
<tr><td rowspan="2">资料查询和报告撰写</td><td>正确使用维修手册查询资料，并记录技能训练情况</td><td>5</td><td></td></tr>
<tr><td>根据实训要求，积极参与课堂汇报，并撰写好总结报告</td><td>5</td><td></td></tr>
<tr><td rowspan="2">安全生产</td><td colspan="3">因违规操作导致工具、设备损坏，扣 10 分</td><td></td></tr>
<tr><td colspan="3">因违规操作导致触电、火灾、人身安全事故、设备重大损坏，记 0 分</td><td></td></tr>
<tr><td colspan="4">总评分</td><td></td></tr>
</table>

教师签名： 考核日期：

模块三　汽车行驶系的拆装与检修

任务1　轮胎的拆装

一、实训目标

1. 能按照规范流程使用轮胎拆装机完成轮胎的拆装。
2. 能总结轮胎拆装中的注意事项。

二、实训准备

1. 车轮总成检查

根据任务要求，检查车轮总成的状况并将检查结果记录在下表中。

车轮总成检查

品牌		型号	
轮胎花纹深度		磨损情况	
轮胎尺寸标注		轮胎气压	
其他			

2. 实训器材准备

根据任务要求，准备相关的实训器材，清点核对后将检查结果记录在下表中。

实训器材清单

序号	名称	说明	检查结果
1	轮胎拆装机		
2	零件车		
3	工具车		
4	轮胎气压表		
5	润滑剂		
6	吸油纸		

续表

序号	名称	说明	检查结果
7	抹布		
8	维修手册	与实训车辆相匹配	

3. 安全防护措施

（1）实训人员应穿工作服和防护鞋。

（2）操作过程应规范、标准，设备使用应严格遵守操作规程，注意人身和设备安全。

（3）遵循“8S”管理规定。

三、技能训练

轮胎的拆装

班级：　　　　　　姓名：　　　　　　工位：

序号	操作步骤	操作内容	情况记录
1	分解车轮总成	（1）拆下车轮装饰板 （2）拆下气门芯，放出轮胎内的空气，拆下车轮上所有的________ （3）使用____________________按压轮胎外侧，使轮胎外侧与车轮完全分开 （4）使用____________________按压轮胎内侧，使轮胎内侧与车轮完全分开 （5）将车轮总成放置于轮胎拆装机工作盘上，并踩下____________将车轮卡紧。在轮胎内圈边缘刷________ （6）调整__________，确定拆卸位置	严禁野蛮操作，以防损坏车轮装饰板 ________要与车轮保持一定距离

续表

序号	操作步骤	操作内容	情况记录
1	分解车轮总成	（7）操作________将拆装机头安装到合适的位置 （8）踩下轮胎拆装机________________，并使用_____和拆装机头将轮胎外侧与车轮彻底分离 （9）采用同样的方法将轮胎内侧与车轮彻底分离 （10）取下轮胎 （11）取下车轮，检查车轮外观是否变形	避免刮伤车轮 用双手托住轮胎两侧 取出轮胎时，双手应拿稳，以防轮胎掉落发生安全事故
2	组装车轮总成	（1）将车轮放置于轮胎拆装机工作盘上，并踩下________________卡紧车轮 （2）将轮胎放在车轮上，按下立柱，调整____________与车轮的位置 （3）在轮胎内圈边缘刷________，以便于组装 （4）踩下轮胎拆装机________________，并使用拆装机头配合____________先后进行轮胎内侧、外侧与车轮的组装 （5）收回辅助臂滚轮和拆装机头	将弹簧按下去时必须锁止

续表

序号	操作步骤	操作内容	情况记录
2	组装车轮总成	（6）安装气门芯，对轮胎进行充气、检查	轮胎必须充气至规定值 轮胎气压规定值为______
3	操作后整理	按照“8S”管理规定打扫卫生，整理实训场地	
任务总结			

1. 对任务完成情况、技术要点、操作注意事项、存在问题等进行总结。
2. 描述车轮总成的组成和功能。

四、考核评价

考核评价表

班级： 姓名： 工位：

项目	评价内容	评价要点	配分	评价
准备工作	车轮总成检查	车轮总成放置于规定位置，状况良好	2	
	实训器材准备	实训器材配备齐全	2	
		轮胎拆装机使用情况良好	2	
		工具车中工具齐全，无损坏；轮胎气压表工作正常	2	

续表

项目	评价内容	评价要点	配分	评价
准备工作	安全防护	防护用品穿戴整齐	2	
		车轮总成在轮胎拆装机上安装稳固	2	
专业技能	操作要点和技术规范	正确拆卸车轮装饰板	7	
		正确放出轮胎内的空气，拆卸车轮上所有的平衡块	7	
		正确使用轮胎拆装机分离铲分开轮胎与车轮	7	
		正确使用轮胎拆装机卡盘开启踏板卡紧车轮	7	
		正确调整轮胎拆装机的拆装机头到合适位置并锁止	7	
		正确使用轮胎拆装机正向旋转踏板彻底分离轮胎与车轮	7	
		从轮胎拆装机上正确取下轮胎和车轮，并检查车轮外观	7	
		正确将车轮、轮胎放置于轮胎拆装机工作盘上	7	
		正确使用轮胎拆装机辅助臂滚轮组装轮胎与车轮	7	
		根据维修手册，正确对轮胎充气至规定的气压值	7	
职业素养	“8S”管理	遵循“8S”管理规定（整理、整顿、清扫、清洁、素养、安全、节约、学习）	8	
	资料查询和报告撰写	正确使用维修手册查询资料，并记录技能训练情况	5	
		根据实训要求，积极参与课堂汇报，并撰写好总结报告	5	
安全生产	因违规操作导致工具、设备损坏，扣10分			
	因违规操作导致触电、火灾、人身安全事故、设备重大损坏，记0分			
总评分				

教师签名：　　　　　　　　　　　考核日期：

任务2 车轮动平衡的检查与调整

一、实训目标

1. 能按照规范流程使用车轮动平衡机完成车轮动平衡的检查与调整。
2. 能总结车轮动平衡检查与调整中的注意事项。
3. 能描述车轮不平衡引发的后果。

二、实训准备

1. 车轮总成检查

根据任务要求，检查车轮总成的状况并将检查结果记录在下表中。

车轮总成检查

品牌		型号	
轮胎花纹深度		磨损情况	
轮胎尺寸标注		轮胎气压	
其他			

2. 实训器材准备

根据任务要求，准备相关的实训器材，清点核对后将检查结果记录在下表中。

实训器材清单

序号	名称	说明	检查结果
1	车轮动平衡机		
2	零件车		
3	工具车		
4	吸油纸		
5	抹布		
6	维修手册	与实训车辆相匹配	

3. 安全防护措施

（1）实训人员应穿工作服和防护鞋。

（2）操作过程应规范、标准，设备使用应严格遵守操作规程，注意人身和设备安全。

（3）遵循“8S”管理规定。

三、技能训练

车轮动平衡的检查与调整

班级： 姓名： 工位：

序号	操作步骤	操作内容	情况记录
1	安装车轮总成到车轮动平衡机上	（1）安装________，将车轮总成安装到车轮动平衡机上 （2）安装________以固定车轮总成	安装车轮总成要注意安全，防止滑落
2	输入有关数值到车轮动平衡机中	（1）打开车轮动平衡机的电源开关 （2）测量车轮动平衡机机箱到________的距离，并将数值输入车轮动平衡机中 （3）用车轮动平衡机的卡尺测量________，并将数值输入车轮动平衡机中 （4）查看________，并将________数值输入车轮动平衡机中	
3	检查车轮动平衡	（1）放下防护罩 （2）启动车轮动平衡机，开始车轮动平衡检查 （3）当车轮自动停转后，从指示装置上读出________________和________	

续表

序号	操作步骤	操作内容	情况记录
4	调整车轮动平衡	（1）抬起防护罩，用手慢慢旋转车轮总成，当车轮动平衡机指示装置________时停止转动 （2）在车轮内侧或外侧的上部__________加装指示装置显示的该侧平衡块质量 （3）再次进行车轮动平衡检查，观察结果。如果动不平衡量仍不为零，继续进行调整，直至________ （4）取下车轮总成，关闭车轮动平衡机的电源开关	内、外侧要分别进行，平衡块装卡要牢固
5	操作后整理	按照“8S”管理规定打扫卫生，整理实训场地	

任务总结

1. 对任务完成情况、技术要点、操作注意事项、存在问题等进行总结。
2. 描述车轮不平衡引发的后果。

四、考核评价

考核评价表

班级：　　　　　　　　姓名：　　　　　　　　工位：

项目	评价内容	评价要点	配分	评价
准备工作	车轮总成检查	车轮总成放置于规定位置，状况良好	2	
	实训器材准备	实训器材配备齐全	2	
		车轮动平衡机使用情况良好	2	
		工具车中工具齐全，无损坏	2	
	安全防护	防护用品穿戴整齐	2	
		车轮总成在车轮动平衡机上安装稳固	2	
专业技能	操作要点和技术规范	正确将车轮总成安装、固定在车轮动平衡机上	7	
		正确测量并输入车轮动平衡机机箱到轮辋边缘的距离	7	
		正确测量并输入轮辋宽度	7	
		正确识读并输入轮辋直径	7	
		正确启动车轮动平衡机进行车轮动平衡检查	7	
		正确读出车轮内、外动不平衡量和不平衡位置	7	
		正确找到车轮内、外不平衡位置	7	
		根据轮辋形式正确选择平衡块类型	7	
		正确安装平衡块	7	
		正确进行车轮动平衡复查	7	
职业素养	“8S”管理	遵循“8S”管理规定（整理、整顿、清扫、清洁、素养、安全、节约、学习）	8	
	资料查询和报告撰写	正确使用维修手册查询资料，并记录技能训练情况	5	
		根据实训要求，积极参与课堂汇报，并撰写好总结报告	5	
安全生产	因违规操作导致工具、设备损坏，扣 10 分			
	因违规操作导致触电、火灾、人身安全事故、设备重大损坏，记 0 分			
总评分				

教师签名：　　　　　　　　　　　　考核日期：

任务3 车轮定位的检查与调整

一、实训目标

1. 能按照规范流程完成车轮定位的检查与调整。
2. 能总结车轮定位检查与调整中的注意事项。
3. 能描述车轮定位不准确的危害。

二、实训准备

1. 实训车辆检查

根据任务要求，将实训车辆停放在规定位置，安全固定后检查车辆状况并将检查结果记录在下表中。

实训车辆检查

品牌型号		VIN	
行驶里程		发动机号码	
外观检查			
内部检查			

2. 实训器材准备

根据任务要求，准备相关的实训器材，清点核对后将检查结果记录在下表中。

实训器材清单

序号	名称	说明	检查结果
1	举升机		
2	四轮定位仪		
3	零件车		
4	工具车		
5	车轮挡块		
6	轮胎气压表		
7	吸油纸		
8	抹布		
9	维修手册	与实训车辆相匹配	

3．安全防护措施

（1）实训人员应穿工作服和防护鞋。

（2）实训车辆应做好防护，确保车辆举升安全可靠。

（3）操作过程应规范、标准，设备使用应严格遵守操作规程，注意人身和设备安全。

（4）遵循“8S”管理规定。

三、技能训练

车轮定位的检查与调整

班级：　　　　　　　　　　　姓名：　　　　　　　　　　工位：

序号	操作步骤	操作内容	情况记录
1	检查车轮定位	（1）打开四轮定位仪和计算机的电源开关 （2）在定位软件中，输入车辆的________，填写技术员的信息 （3）选择车辆型号 （4）安装车轮卡具和目标板 （5）打开举升机操作台电源开关，长按______按钮 （6）举升车辆至合适高度，使四个车轮上的________与四轮定位仪________通信正常，即四轮定位仪传感器可以探测到四个目标板，松开上升按钮	进入“规格值数据库”，找到相应的车型并双击选中 安装时，保证卡具基本位于车轮________位置且两侧的卡爪基本水平，此外，还要检查卡具安装是否牢固

续表

序号	操作步骤	操作内容	情况记录
1	检查车轮定位	（7）操作四轮定位仪进入定位软件偏位补偿界面，根据屏幕箭头指示，先向__再向__推动车辆完成偏位补偿	推车过程中不要挡住目标板
		（8）安装制动踏板锁	推车完成后，放置车轮挡块。使用________顶住制动踏板，检查______是否点亮
		（9）拔出转角盘和后滑板的固定销，移开转角盘垫板	
2	测量车轮定位参数	（1）根据定位软件的提示，转动转向盘，测量车轮定位参数	在定位软件中，选择测量最大转向角，根据提示，先将车轮对中，然后分别向两侧转向后回正 转向过程中，不要压到车身，不要左右拉动车身
		（2）测量完成后，保存车轮各定位参数测量值	将安装在四个车轮上的定位目标板的水平仪调整到______上，此时计算机屏幕上显示出车轮各定位参数的数值
		（3）调整转向盘至____位置，并使用_______进行锁止	
		（4）检查前轮（转向轮）_____角、________角和前轮（转向轮）____	前轮外倾角为________ 主销后倾角为________ 前轮前束为________

续表

序号	操作步骤	操作内容	情况记录
2	测量车轮定位参数	提示：转向轮外倾角和主销后倾角在生产时已经被调节，不需要调整。如果转向轮外倾角和主销后倾角不在标准范围内，应更换弯曲或损坏的部件并再次检查 （5）检查后轮外倾角和后轮前束	 后轮外倾角为________ 后轮前束为________
3	调整车轮定位参数	（1）对下摆臂进行调整 用________逆时针旋转下摆臂主销球头螺母，直至主销内倾角数值符合标准要求 （2）对转向横拉杆进行调整 1）使用________拧松转向横拉杆末端锁止螺母 2）使用________固定转向横拉杆末端，同时使用________转动转向横拉杆上的方形螺母来调整。应按相同的量转动左、右转向横拉杆来调整转向轮前束，直至前束数值符合标准要求 3）转向轮前束调整完成后，安装螺纹管夹并按规定力矩拧紧转向横拉杆末端锁止螺母 （3）降下车辆 （4）拆卸车轮卡具	主销内倾角的标准值为________ 前轮前束的标准值为________ 转向横拉杆末端锁止螺母的拧紧力矩为________

续表

序号	操作步骤	操作内容	情况记录
4	操作后整理	按照“8S”管理规定打扫卫生，整理实训场地	

任务总结

1. 对任务完成情况、技术要点、操作注意事项、存在问题等进行总结。
2. 描述车轮定位不准确的危害。

四、考核评价

考核评价表

班级： 姓名： 工位：

项目	评价内容	评价要点	配分	评价
准备工作	实训车辆检查	实训车辆停放在规定位置，固定安全，状况良好	2	
	实训器材准备	实训器材配备齐全	2	
		举升机使用情况良好，锁止装置正常；四轮定位仪使用情况良好	2	
		工具车中工具齐全，无损坏；轮胎气压表工作正常	2	
	安全防护	防护用品穿戴整齐	2	
		实训车辆防护措施到位	2	

续表

项目	评价内容	评价要点	配分	评价
专业技能	操作要点和技术规范	正确启动四轮定位仪和计算机，选择车辆型号	7	
		正确安装车轮卡具	7	
		正确举升车辆至合适高度，使四个车轮上的目标板与四轮定位仪传感器通信正常	7	
		正确推动车辆完成偏位补偿	7	
		正确测量车轮定位参数	7	
		正确检查前轮外倾角、主销后倾角和前轮前束	7	
		正确检查后轮外倾角和后轮前束	7	
		正确调整下摆臂直至主销内倾角数值符合标准要求	7	
		正确调整转向横拉杆直至前轮前束数值符合标准要求	7	
		正确拆卸车轮卡具	7	
职业素养	“8S”管理	遵循“8S”管理规定（整理、整顿、清扫、清洁、素养、安全、节约、学习）	8	
	资料查询和报告撰写	正确使用维修手册查询资料，并记录技能训练情况	5	
		根据实训要求，积极参与课堂汇报，并撰写好总结报告	5	
安全生产	因违规操作导致工具、设备损坏，扣 10 分			
	因违规操作导致触电、火灾、人身安全事故、设备重大损坏，记 0 分			
总评分				

教师签名：　　　　　　　　　　　　　　考核日期：

任务4 前减振器的拆装与检查

一、实训目标

1. 能按照规范流程完成前减振器的拆装与检查。
2. 能描述悬架系统的故障形式和故障危害。
3. 能总结前减振器拆装与检查中的注意事项。

二、实训准备

1. 实训车辆检查

根据任务要求，将实训车辆停放在规定位置，安全固定后检查车辆状况并将检查结果记录在下表中。

实训车辆检查

品牌型号		VIN	
行驶里程		发动机号码	
外观检查			
内部检查			

2. 实训器材准备

根据任务要求，准备相关的实训器材，清点核对后将检查结果记录在下表中。

实训器材清单

序号	名称	说明	检查结果
1	举升机		
2	零件车		
3	工具车		
4	球头分离器	与实训车辆相匹配	
5	吸油纸		
6	抹布		
7	维修手册	与实训车辆相匹配	

3．安全防护措施

（1）实训人员应穿工作服和防护鞋。

（2）实训车辆应做好防护，确保车辆举升安全可靠。

（3）操作过程应规范、标准，设备使用应严格遵守操作规程，注意人身和设备安全。

（4）遵循“8S”管理规定。

三、技能训练

前减振器的拆装与检查

班级：　　　　　　　　姓名：　　　　　　　　工位：

序号	操作步骤	操作内容	情况记录
1	拆卸前减振器	（1）按照规范流程拆卸车轮总成	
		（2）拆卸轮速传感器	
		（3）拆卸制动软管固定螺栓	
		（4）预松半轴锁紧螺栓	半轴锁紧螺栓拧紧力矩较大，需两人配合预松，一人踩住__________，另一人使用__________预松半轴锁紧螺栓
		（5）拆卸制动钳总成	
		（6）取下制动钳总成	取下的制动钳总成应用______挂住
		（7）拆下半轴锁紧螺栓和制动盘固定螺钉，取下制动盘	
		（8）拆卸转向球头螺母	
		（9）用____________分离转向球头	

续表

序号	操作步骤	操作内容	情况记录
1	拆卸 前减振器	（10）拆卸稳定杆螺栓 （11）拆卸下摆臂固定螺栓（____个），使用__________分离主销球头 （12）将__________与半轴分离 （13）拆卸挡板 （14）拆卸前减振器总成固定螺栓 （15）取下前减振器总成和车轮转向节总成 （16）使用__________将前减振器总成与车轮转向节总成分离 （17）使用专用工具将减振器与螺旋弹簧分离，并分解减振器	
2	检查 前减振器	（1）检查减振压缩活塞杆________是否良好 （2）检查减振器防尘罩______是否破损	
3	装复 前减振器	（1）使用专用工具压缩螺旋弹簧，安装支座总成、绝缘垫、防尘罩和上、下弹簧垫 （2）按规定力矩拧紧前支座自锁螺母	前支座自锁螺母的拧紧力矩为__________

续表

序号	操作步骤	操作内容	情况记录
3	装复前减振器	（3）使用__________组装前减振器总成和车轮转向节总成 （4）安装前减振器总成和车轮转向节总成 （5）按规定力矩拧紧前减振器总成固定螺栓 （6）安装挡板 （7）将车轮转向节总成与半轴进行组装 （8）安装主销球头，并按规定力矩拧紧下摆臂固定螺栓 （9）按规定力矩拧紧稳定杆螺栓 （10）安装转向球头，并按规定力矩拧紧转向球头螺母 （11）安装制动盘，并按规定力矩拧紧制动盘固定螺钉和半轴锁紧螺栓 （12）安装制动钳总成	前减振器总成固定螺栓的拧紧力矩为__________ 下摆臂固定螺栓的拧紧力矩为__________ 稳定杆螺栓的拧紧力矩为__________ 转向球头螺母的拧紧力矩为__________ 制动盘固定螺钉的拧紧力矩为__________ 半轴锁紧螺栓的拧紧力矩为__________

续表

序号	操作步骤	操作内容	情况记录
3	装复前减振器	（13）按规定力矩拧紧制动软管固定螺栓	制动软管固定螺栓的拧紧力矩为________
		（14）安装轮速传感器	轮速传感器固定螺栓的拧紧力矩为________
		（15）按照规范流程装复车轮总成	
4	操作后整理	按照“8S”管理规定打扫卫生，整理实训场地	

任务总结

1. 对任务完成情况、技术要点、操作注意事项、存在问题等进行总结。

2. 描述悬架系统的故障形式和故障危害。

四、考核评价

考核评价表

班级：　　　　　　　　　　　姓名：　　　　　　　　工位：

<table>
<tr><th>项目</th><th>评价内容</th><th>评价要点</th><th>配分</th><th>评价</th></tr>
<tr><td rowspan="6">准备工作</td><td>实训车辆检查</td><td>实训车辆停放在规定位置，固定安全，状况良好</td><td>2</td><td></td></tr>
<tr><td rowspan="3">实训器材准备</td><td>实训器材配备齐全</td><td>2</td><td></td></tr>
<tr><td>举升机使用情况良好，锁止装置正常</td><td>2</td><td></td></tr>
<tr><td>工具车中工具齐全，无损坏；球头分离器工作正常</td><td>2</td><td></td></tr>
<tr><td rowspan="2">安全防护</td><td>防护用品穿戴整齐</td><td>2</td><td></td></tr>
<tr><td>实训车辆防护措施到位</td><td>2</td><td></td></tr>
<tr><td rowspan="9">专业技能</td><td rowspan="9">操作要点和技术规范</td><td>正确拆装轮速传感器</td><td>7</td><td></td></tr>
<tr><td>正确预松半轴锁紧螺栓</td><td>7</td><td></td></tr>
<tr><td>正确拆装制动钳总成</td><td>7</td><td></td></tr>
<tr><td>正确使用专业工具拆装转向球头和主销球头</td><td>7</td><td></td></tr>
<tr><td>正确拆装前减振器总成和车轮转向节总成</td><td>7</td><td></td></tr>
<tr><td>正确使用专用工具分离与组装减振器与螺旋弹簧</td><td>7</td><td></td></tr>
<tr><td>根据维修手册，正确检查减振压缩活塞杆</td><td>7</td><td></td></tr>
<tr><td>根据维修手册，正确检查减振器防尘罩</td><td>7</td><td></td></tr>
<tr><td>根据维修手册，按规定力矩正确拧紧各固定螺母、螺栓、螺钉</td><td>14</td><td></td></tr>
<tr><td rowspan="3">职业素养</td><td>“8S”管理</td><td>遵循“8S”管理规定（整理、整顿、清扫、清洁、素养、安全、节约、学习）</td><td>8</td><td></td></tr>
<tr><td rowspan="2">资料查询和报告撰写</td><td>正确使用维修手册查询资料，并记录技能训练情况</td><td>5</td><td></td></tr>
<tr><td>根据实训要求，积极参与课堂汇报，并撰写好总结报告</td><td>5</td><td></td></tr>
<tr><td rowspan="2">安全生产</td><td colspan="3">因违规操作导致工具、设备损坏，扣 10 分</td><td></td></tr>
<tr><td colspan="3">因违规操作导致触电、火灾、人身安全事故、设备重大损坏，记 0 分</td><td></td></tr>
<tr><td colspan="4">总评分</td><td></td></tr>
</table>

教师签名：　　　　　　　　　　　　　考核日期：

模块四　汽车转向系的拆装与检修

任务1　转向操纵机构的拆装

一、实训目标

1. 能按照规范流程完成转向操纵机构的拆装。
2. 能描述转向操纵机构的组成和功能。
3. 能总结转向操纵机构拆装中的注意事项。

二、实训准备

1. 实训车辆检查

根据任务要求，将实训车辆停放在规定位置，安全固定后检查车辆状况并将检查结果记录在下表中。

实训车辆检查

品牌型号		VIN	
行驶里程		发动机号码	
外观检查			
内部检查			

2. 实训器材准备

根据任务要求，准备相关的实训器材，清点核对后将检查结果记录在下表中。

实训器材清单

序号	名称	说明	检查结果
1	举升机		
2	零件车		
3	工具车		

续表

序号	名称	说明	检查结果
4	吸油纸		
5	抹布		
6	维修手册	与实训车辆相匹配	

3. 安全防护措施

（1）实训人员应穿工作服和防护鞋。

（2）实训车辆应做好防护，确保车辆举升安全可靠。

（3）操作过程应规范、标准，设备使用应严格遵守操作规程，注意人身和设备安全。

（4）遵循“8S”管理规定。

三、技能训练

转向操纵机构的拆装

班级：　　　　　　　　姓名：　　　　　　　　工位：

序号	操作步骤	操作内容	情况记录
1	拆卸组合开关护罩	（1）使用______撬开组合开关上护罩 （2）向转向盘侧拉出组合开关上护罩 （3）___时针旋转转向盘 90°，拆卸左侧的组合开关下护罩固定螺钉 （4）回正转向盘，再__时针旋转转向盘 90°，拆卸右侧的组合开关下护罩固定螺钉 （5）取下组合开关下护罩	组合开关下护罩固定螺钉为花形螺钉，应选用______进行拆卸 旋转转向盘前，应____________，不可使用蛮力转动转向盘

续表

序号	操作步骤	操作内容	情况记录
2	拆卸安全气囊	（1）____时针旋转转向盘 90°，将____________插入转向盘背面的孔中将其固定 （2）转动旋具，使转向盘上安全气囊的右侧固定卡扣松开	安全气囊由___个固定卡扣（左侧、右侧、底部）与转向盘固定 使用旋具时，要注意正确方向，找准位置
		（3）继续____时针旋转转向盘 90°，用同样的方法使转向盘上安全气囊的底部固定卡扣松开 （4）继续___时针旋转转向盘 90°，用同样的方法使转向盘上安全气囊的左侧固定卡口松开	拆卸安全气囊需要连续旋转转向盘 90° ___次，且保持同一方向
		（5）分离安全气囊线束插头，取下安全气囊	分离线束插头时，切勿使用蛮力，以免损坏线束
3	拆卸转向盘和组合开关总成	（1）拆下转向盘固定螺栓	拆卸时应______转向盘
		（2）从转向柱上拔出转向盘	
		（3）分离组合开关相关插头	
		（4）使用__________拆卸连接螺钉	螺钉应妥善放置，以免丢失

续表

序号	操作步骤	操作内容	情况记录
3	拆卸转向盘和组合开关总成	（5）取下组合开关总成	取下时，应____________
4	拆卸仪表板左下护罩及其他附件	（1）使用____________拆下仪表板侧饰板 （2）使用____________拆下仪表板侧面盖板 （3）拆卸仪表板左下护罩侧面固定螺钉 （4）拆卸仪表板左下护罩正面固定螺钉 （5）分离车灯开关连接器，取下仪表板左下护罩 （6）拆卸并取下底部盖板	严禁野蛮操作，以防损坏饰板 此处有___个螺钉，上部___个，下部___个
5	拆卸车锁	（1）分离与车锁连接的线束插头 （2）拆卸车锁固定螺栓，从转向柱上取下车锁	
6	拆卸转向柱	（1）拆卸转向柱下方固定螺栓，并拔出万向节 （2）拆卸转向柱上端与横梁固定的左侧内六角螺栓	转向柱到转向器的固定螺栓，安装时需____________ 拆卸时，应向上提起转向柱，以免砸伤

续表

序号	操作步骤	操作内容	情况记录
6	拆卸转向柱	（3）拆卸转向柱上端与横梁固定的右侧内六角螺栓 （4）拆卸转向柱中部与固定支架固定的六角螺母和长螺栓，并取下转向柱	长螺栓贯穿转向柱固定支架，取出时，需托起转向柱
7	装复转向操纵机构	按照与拆卸转向操纵机构相反的顺序进行装复，注意使用专用工具按规定力矩拧紧各螺栓	
8	操作后整理	按照“8S”管理规定打扫卫生，整理实训场地	

任务总结

1. 对任务完成情况、技术要点、操作注意事项、存在问题等进行总结。
2. 描述转向操纵机构的组成和功能。

四、考核评价

考核评价表

班级：　　　　　　姓名：　　　　　　工位：

<table>
<tr><th>项目</th><th>评价内容</th><th>评价要点</th><th>配分</th><th>评价</th></tr>
<tr><td rowspan="6">准备工作</td><td>实训车辆检查</td><td>实训车辆停放在规定位置，固定安全，状况良好</td><td>2</td><td></td></tr>
<tr><td rowspan="3">实训器材准备</td><td>实训器材配备齐全</td><td>2</td><td></td></tr>
<tr><td>举升机使用情况良好，锁止装置正常</td><td>2</td><td></td></tr>
<tr><td>工具车中工具齐全，无损坏</td><td>2</td><td></td></tr>
<tr><td rowspan="2">安全防护</td><td>防护用品穿戴整齐</td><td>2</td><td></td></tr>
<tr><td>实训车辆防护措施到位</td><td>2</td><td></td></tr>
<tr><td rowspan="8">专业技能</td><td rowspan="8">操作要点和技术规范</td><td>正确拆卸组合开关护罩</td><td>7</td><td></td></tr>
<tr><td>正确拆卸安全气囊</td><td>7</td><td></td></tr>
<tr><td>正确拆卸转向盘和组合开关总成</td><td>7</td><td></td></tr>
<tr><td>正确拆卸仪表板左下护罩及其他附件</td><td>7</td><td></td></tr>
<tr><td>正确拆卸车锁</td><td>7</td><td></td></tr>
<tr><td>正确拆卸转向柱</td><td>7</td><td></td></tr>
<tr><td>按顺序正确装复转向操纵机构</td><td>14</td><td></td></tr>
<tr><td>根据维修手册，按规定力矩正确拧紧转向操纵机构各固定螺栓</td><td>14</td><td></td></tr>
<tr><td rowspan="3">职业素养</td><td>“8S”管理</td><td>遵循“8S”管理规定（整理、整顿、清扫、清洁、素养、安全、节约、学习）</td><td>8</td><td></td></tr>
<tr><td rowspan="2">资料查询和报告撰写</td><td>正确使用维修手册查询资料，并记录技能训练情况</td><td>5</td><td></td></tr>
<tr><td>根据实训要求，积极参与课堂汇报，并撰写好总结报告</td><td>5</td><td></td></tr>
<tr><td rowspan="2">安全生产</td><td colspan="3">因违规操作导致工具、设备损坏，扣 10 分</td><td></td></tr>
<tr><td colspan="3">因违规操作导致触电、火灾、人身安全事故、设备重大损坏，记 0 分</td><td></td></tr>
<tr><td colspan="4">总评分</td><td></td></tr>
</table>

教师签名：　　　　　　考核日期：

任务2 转向臂和转向球头的拆装

一、实训目标

1. 能按照规范流程完成转向臂和转向球头的拆装。
2. 能描述转向球头的结构和功能。
3. 能总结转向臂和转向球头拆装中的注意事项。

二、实训准备

1. 实训车辆检查

根据任务要求，将实训车辆停放在规定位置，安全固定后检查车辆状况并将检查结果记录在下表中。

实训车辆检查

品牌型号		VIN	
行驶里程		发动机号码	
外观检查			
内部检查			

2. 实训器材准备

根据任务要求，准备相关的实训器材，清点核对后将检查结果记录在下表中。

实训器材清单

序号	名称	说明	检查结果
1	举升机		
2	零件车		
3	工具车		
4	球头分离器	与实训车辆相匹配	
5	吸油纸		
6	抹布		

续表

序号	名称	说明	检查结果
7	防护手套		
8	维修手册	与实训车辆相匹配	

3. 安全防护措施

（1）实训人员应穿工作服和防护鞋，戴防护手套。

（2）实训车辆应做好防护，确保车辆举升安全可靠。

（3）操作过程应规范、标准，设备使用应严格遵守操作规程，注意人身和设备安全。

（4）遵循“8S”管理规定。

三、技能训练

转向臂和转向球头的拆装

班级：　　　　　　　　　　姓名：　　　　　　　　　　工位：

序号	操作步骤	操作内容	情况记录
1	拆卸转向球头	（1）按照规范流程拆卸车轮总成，并放置在安全位置 （2）预松转向球头螺母	这里暂且不用取下螺母，以防____________________________
		（3）安装____________，并分离转向球头 1）将球头分离器的叉口放置在球头销和转向节之间 2）使用两用扳手调节球头分离器的螺杆，施加压力使球头分离器另一端顶住球头销底部，直到转向球头从接合处弹出 （4）拆下转向球头螺母；随后拔出球头销，与转向节分离	使用正确______的球头分离器，以防损坏转向球头或转向节

续表

序号	操作步骤	操作内容	情况记录
2	拆卸转向臂	（1）使用 19 mm 和 21 mm 两用扳手配合预松转向臂固定螺母 （2）逆时针旋转转向臂 （3）取下转向臂，并检查转向球头	____两用扳手卡住转向臂保持不动，________两用扳手卡住螺母顺时针转动，与转向臂分离 旋转过程中，记录________________，直至取下转向臂，以确保安装时位置一致 检查转向球头的活动是否自如，有无异常摩擦声或阻力
3	装复转向臂和转向球头	（1）按照与拆卸相反的顺序安装转向臂和转向球头，按规定力矩拧紧转向臂固定螺母和转向球头螺母 （2）按照规范流程装复车轮总成	转向臂固定螺母的拧紧力矩为________________ 转向球头螺母的拧紧力矩为________________
4	操作后整理	按照“8S”管理规定打扫卫生，整理实训场地	

续表

任务总结
1. 对任务完成情况、技术要点、操作注意事项、存在问题等进行总结。 2. 描述转向球头的结构和功能。

四、考核评价

考核评价表

班级：　　　　　　　　　　　　姓名：　　　　　　　　　　工位：

项目	评价内容	评价要点	配分	评价
准备工作	实训车辆检查	实训车辆停放在规定位置，固定安全，状况良好	2	
	实训器材准备	实训器材配备齐全	2	
		举升机使用情况良好，锁止装置正常	2	
		工具车中工具齐全，无损坏；球头分离器工作正常	2	
	安全防护	防护用品穿戴整齐	2	
		实训车辆防护措施到位	2	
专业技能	操作要点和技术规范	正确拆装车轮总成	7	
		正确预松转向球头螺母	7	
		正确使用球头分离器分离转向球头	7	
		正确预松转向臂固定螺母	7	

续表

<table>
<tr><th>项目</th><th>评价内容</th><th>评价要点</th><th>配分</th><th>评价</th></tr>
<tr><td rowspan="4">专业技能</td><td rowspan="4">操作要点和技术规范</td><td>正确拆卸转向臂，并记录旋转圈数</td><td>7</td><td></td></tr>
<tr><td>根据维修手册，检查转向球头的状况</td><td>7</td><td></td></tr>
<tr><td>根据维修手册，正确装复转向臂，并按规定力矩拧紧转向臂固定螺母</td><td>14</td><td></td></tr>
<tr><td>根据维修手册，正确装复转向球头，并按规定力矩拧紧转向球头螺母</td><td>14</td><td></td></tr>
<tr><td rowspan="3">职业素养</td><td>“8S”管理</td><td>遵循“8S”管理规定（整理、整顿、清扫、清洁、素养、安全、节约、学习）</td><td>8</td><td></td></tr>
<tr><td rowspan="2">资料查询和报告撰写</td><td>正确使用维修手册查询资料，并记录技能训练情况</td><td>5</td><td></td></tr>
<tr><td>根据实训要求，积极参与课堂汇报，并撰写好总结报告</td><td>5</td><td></td></tr>
<tr><td rowspan="2">安全生产</td><td colspan="3">因违规操作导致工具、设备损坏，扣 10 分</td><td></td></tr>
<tr><td colspan="3">因违规操作导致触电、火灾、人身安全事故、设备重大损坏，记 0 分</td><td></td></tr>
<tr><td colspan="4">总评分</td><td></td></tr>
</table>

教师签名：　　　　　　　　　　考核日期：

任务3 转向器总成的拆装

一、实训目标

1. 能按照规范流程完成转向器总成的拆装。
2. 能描述转向器总成的组成和功能。
3. 能总结转向器总成拆装中的注意事项。

二、实训准备

1. 实训车辆检查

根据任务要求，将实训车辆停放在规定位置，安全固定后检查车辆状况并将检查结果记录在下表中。

实训车辆检查

品牌型号		VIN	
行驶里程		发动机号码	
外观检查			
内部检查			

2. 实训器材准备

根据任务要求，准备相关的实训器材，清点核对后将检查结果记录在下表中。

实训器材清单

序号	名称	说明	检查结果
1	举升机		
2	零件车		
3	工具车		
4	液压举升装置		
5	球头分离器		
6	吸油纸		
7	抹布		
8	防护手套		
9	安全帽		
10	维修手册	与实训车辆相匹配	

3. 安全防护措施

（1）实训人员应穿工作服和防护鞋，戴防护手套，在车辆下方工作时还应佩戴安全帽。

（2）实训车辆应做好防护，确保车辆举升安全可靠。

（3）操作过程应规范、标准，设备使用应严格遵守操作规程，注意人身和设备安全。

（4）遵循“8S”管理规定。

三、技能训练

转向器总成的拆装

班级：　　　　　　　　　　姓名：　　　　　　　　　　工位：

序号	操作步骤	操作内容	情况记录
1	拆卸转向器总成	（1）拆卸转向柱下方固定螺栓，并拔出万向节 （2）按照规范流程拆卸两侧转向臂 （3）举升车辆至合适高度	 举升机处于高位时，在车辆下方作业需要佩戴________
		（4）将六角螺母从连杆（左侧和右侧）上拆下，再将连杆分别从稳定杆（左侧和右侧）上拉出 （5）拆卸副横梁两侧下摆臂的固定螺栓（_____个），从下摆臂上拉出主销球头 （6）使用两用扳手和套筒配合拆卸摆动支撑的固定螺栓 （7）从副横梁上松开前排气管支架的固定螺栓 （8）从副横梁上拆下转向器总成固定螺栓	 此处有____个六角螺栓
		（9）使用________________________顶起副横梁	调整液压举升装置与副横梁接触，为拆卸副横梁做准备，但

续表

序号	操作步骤	操作内容	情况记录
1	拆卸转向器总成	（10）拆卸副横梁固定螺栓 （11）降下液压举升装置，带动副横梁下降适当高度 （12）取下转向器总成	不可过分举升导致整车与举升机分离，带来安全隐患 此处有____个螺栓 副横梁下降约__________，下降过程中应手扶转向器总成，低速缓慢下降
2	装复转向器总成	按照与拆卸转向器总成相反的顺序进行装复，注意使用专用工具按规定力矩拧紧各螺栓	
3	操作后整理	按照“8S”管理规定打扫卫生，整理实训场地	

任务总结

1. 对任务完成情况、技术要点、操作注意事项、存在问题等进行总结。
2. 描述转向器总成的组成和功能。

四、考核评价

考核评价表

班级： 姓名： 工位：

<table>
<tr><th>项目</th><th>评价内容</th><th>评价要点</th><th>配分</th><th>评价</th></tr>
<tr><td rowspan="7">准备工作</td><td>实训车辆检查</td><td>实训车辆停放在规定位置，固定安全，状况良好</td><td>2</td><td></td></tr>
<tr><td rowspan="3">实训器材准备</td><td>实训器材配备齐全</td><td>2</td><td></td></tr>
<tr><td>举升机使用情况良好，锁止装置正常</td><td>2</td><td></td></tr>
<tr><td>工具车中工具齐全，无损坏；液压举升装置工作正常</td><td>2</td><td></td></tr>
<tr><td rowspan="2">安全防护</td><td>防护用品穿戴整齐</td><td>2</td><td></td></tr>
<tr><td>实训车辆防护措施到位</td><td>2</td><td></td></tr>
<tr style="display:none"></tr>
<tr><td rowspan="8">专业技能</td><td rowspan="8">操作要点和技术规范</td><td>正确拆卸转向柱下方固定螺栓，并拔出万向节</td><td>7</td><td></td></tr>
<tr><td>正确拆卸两侧转向臂</td><td>7</td><td></td></tr>
<tr><td>正确分离稳定杆和连杆</td><td>7</td><td></td></tr>
<tr><td>正确拆卸副横梁两侧下摆臂的固定螺栓，并从下摆臂上拉出主销球头</td><td>7</td><td></td></tr>
<tr><td>正确拆卸转向器总成固定螺栓和副横梁固定螺栓</td><td>7</td><td></td></tr>
<tr><td>正确使用液压举升装置先顶起副横梁，再降下副横梁，取下转向器总成</td><td>7</td><td></td></tr>
<tr><td>按顺序正确装复转向器总成</td><td>14</td><td></td></tr>
<tr><td>根据维修手册，按规定力矩正确拧紧转向器总成各固定螺栓</td><td>14</td><td></td></tr>
<tr><td rowspan="3">职业素养</td><td>“8S”管理</td><td>遵循“8S”管理规定（整理、整顿、清扫、清洁、素养、安全、节约、学习）</td><td>8</td><td></td></tr>
<tr><td rowspan="2">资料查询和报告撰写</td><td>正确使用维修手册查询资料，并记录技能训练情况</td><td>5</td><td></td></tr>
<tr><td>根据实训要求，积极参与课堂汇报，并撰写好总结报告</td><td>5</td><td></td></tr>
<tr><td rowspan="2">安全生产</td><td colspan="3">因违规操作导致工具、设备损坏，扣 10 分</td><td></td></tr>
<tr><td colspan="3">因违规操作导致触电、火灾、人身安全事故、设备重大损坏，记 0 分</td><td></td></tr>
<tr><td colspan="4">总评分</td><td></td></tr>
</table>

教师签名： 考核日期：

模块五　汽车传动系的拆装与检修

任务1　半轴的拆装与检查

一、实训目标

1. 能按照规范流程完成半轴的拆装与检查。
2. 能描述半轴的组成和功能。
3. 能总结半轴拆装与检查中的注意事项。

二、实训准备

1. 实训车辆检查

根据任务要求，将实训车辆停放在规定位置，安全固定后检查车辆状况并将检查结果记录在下表中。

实训车辆检查

品牌型号		VIN	
行驶里程		发动机号码	
外观检查			
内部检查			

2. 实训器材准备

根据任务要求，准备相关的实训器材，清点核对后将检查结果记录在下表中。

实训器材清单

序号	名称	说明	检查结果
1	举升机		
2	零件车		
3	工具车		
4	球头分离器	与实训车辆相匹配	

续表

序号	名称	说明	检查结果
5	专用拉具		
6	润滑脂	与实训车辆相匹配	
7	吸油纸		
8	抹布		
9	防护手套		
10	维修手册	与实训车辆相匹配	

3. 安全防护措施

（1）实训人员应穿工作服和防护鞋，戴防护手套。

（2）实训车辆应做好防护，确保车辆举升安全可靠。

（3）操作过程应规范、标准，设备使用应严格遵守操作规程，注意人身和设备安全。

（4）遵循“8S”管理规定。

三、技能训练

半轴的拆装与检查

班级：　　　　　　　姓名：　　　　　　　工位：

序号	操作步骤	操作内容	情况记录
1	拆卸半轴	（1）拆卸车轮总成 （2）拆卸半轴法兰螺栓 （3）拆卸下摆臂在车轮轴承壳上的固定螺栓 （4）使用专用工具＿＿＿＿压出主销球头 （5）拆卸轮毂轴端的半轴锁紧螺栓	 此处有＿＿个螺栓，使用工具＿＿＿＿分 2 ~ 3 次对角拧松 可使用工具＿＿＿＿＿＿拧松螺栓 严禁野蛮操作

续表

序号	操作步骤	操作内容	情况记录
1	拆卸半轴	（6）从车轮轴承壳内拉出半轴	使用________将半轴拉出 拆卸半轴时，不能加热______，否则会损坏车轮轴承；拆下半轴后，不得向下悬吊半轴，不得移动车辆，以免损坏车轮轴承总成
		（7）取出半轴	半轴的作用：____
2	检查半轴	（1）检查半轴轴体	检查半轴轴体是否有裂纹、磨损。若是，应____________
		（2）检查外万向节防尘罩夹箍	检查外万向节防尘罩上的大、小夹箍是否变形、断裂。若是，应____________
		（3）检查外万向节花键和防尘罩	检查外万向节花键是否有裂纹、缺齿，检查防尘罩是否脏污、破裂、龟裂。若是，应____________
		（4）检查外万向节（________式）	转动外万向节，检查外球笼球道、钢珠是否卡滞、磨损，检查外球笼有无裂纹

续表

序号	操作步骤	操作内容	情况记录
2	检查半轴	（5）检查内万向节防尘罩夹箍	检查内万向节防尘罩上的大、小夹箍是否变形、断裂。若是，应________
		（6）检查内万向节花键和防尘罩	检查内万向节花键是否有裂纹、缺齿，检查防尘罩是否脏污、破裂、龟裂。若是，应________
		（7）检查内万向节（____式）	转动内万向节，检查是否卡滞、磨损
3	装复半轴	（1）将半轴装回车轮轴承壳内	在内万向节花键上涂润滑脂 润滑脂的品牌型号：________
		（2）按规定力矩拧紧半轴法兰螺栓	使用工具______拧紧螺栓 半轴法兰螺栓的拧紧力矩为______
		（3）连接轮毂与半轴	将轮毂内花键与半轴外万向节花键进行连接

续表

序号	操作步骤	操作内容	情况记录
3	装复半轴	（4）安装主销球头，并按规定力矩拧紧下摆臂在车轮轴承壳上的固定螺栓 （5）按规定力矩拧紧轮毂轴端的半轴锁紧螺栓 （6）装复车轮总成	下摆臂在车轮轴承壳上的固定螺栓的拧紧力矩为________ 使用工具________拧紧螺栓 轮毂轴端的半轴锁紧螺栓的拧紧力矩为________
4	操作后整理	按照“8S”管理规定打扫卫生，整理实训场地	

任务总结

1. 对任务完成情况、技术要点、操作注意事项、存在问题等进行总结。
2. 描述半轴的组成和功能。

四、考核评价

考核评价表

班级：　　　　　　　　　姓名：　　　　　　　　工位：

<table>
<tr><th>项目</th><th>评价内容</th><th>评价要点</th><th>配分</th><th>评价</th></tr>
<tr><td rowspan="6">准备工作</td><td>实训车辆检查</td><td>实训车辆停放在规定位置，固定安全，状况良好</td><td>2</td><td></td></tr>
<tr><td rowspan="3">实训器材准备</td><td>实训器材配备齐全</td><td>2</td><td></td></tr>
<tr><td>举升机使用情况良好，锁止装置正常</td><td>2</td><td></td></tr>
<tr><td>工具车中工具齐全，无损坏；球头分离器工作正常</td><td>2</td><td></td></tr>
<tr><td rowspan="2">安全防护</td><td>防护用品穿戴整齐</td><td>2</td><td></td></tr>
<tr><td>实训车辆防护措施到位</td><td>2</td><td></td></tr>
<tr><td rowspan="10">专业技能</td><td rowspan="10">操作要点和技术规范</td><td>正确拆卸半轴法兰螺栓</td><td>7</td><td></td></tr>
<tr><td>正确使用球头分离器压出主销球头</td><td>7</td><td></td></tr>
<tr><td>正确拆卸轮毂轴端的半轴锁紧螺栓</td><td>7</td><td></td></tr>
<tr><td>正确使用专业拉具拉出半轴</td><td>7</td><td></td></tr>
<tr><td>根据维修手册，检查半轴轴体、夹箍、花键、防尘罩、万向节</td><td>7</td><td></td></tr>
<tr><td>正确装复半轴，并涂润滑脂</td><td>7</td><td></td></tr>
<tr><td>根据维修手册，按规定力矩拧紧半轴法兰螺栓</td><td>7</td><td></td></tr>
<tr><td>正确连接轮毂与半轴</td><td>7</td><td></td></tr>
<tr><td>正确安装主销球头</td><td>7</td><td></td></tr>
<tr><td>根据维修手册，按规定力矩拧紧轮毂轴端的半轴锁紧螺栓</td><td>7</td><td></td></tr>
<tr><td rowspan="3">职业素养</td><td>“8S”管理</td><td>遵循“8S”管理规定（整理、整顿、清扫、清洁、素养、安全、节约、学习）</td><td>8</td><td></td></tr>
<tr><td rowspan="2">资料查询和报告撰写</td><td>正确使用维修手册查询资料，并记录技能训练情况</td><td>5</td><td></td></tr>
<tr><td>根据实训要求，积极参与课堂汇报，并撰写好总结报告</td><td>5</td><td></td></tr>
<tr><td rowspan="2">安全生产</td><td colspan="3">因违规操作导致工具、设备损坏，扣 10 分</td><td></td></tr>
<tr><td colspan="3">因违规操作导致触电、火灾、人身安全事故、设备重大损坏，记 0 分</td><td></td></tr>
<tr><td colspan="4">总评分</td><td></td></tr>
</table>

教师签名：　　　　　　　　　　考核日期：

任务2　变速器和离合器的拆卸与检查

一、实训目标

1. 能按照规范流程完成变速器总成的拆卸与检查。
2. 能按照规范流程完成离合器和离合器总泵的拆卸与检查。
3. 能总结变速器和离合器拆卸中的注意事项和检查要点。

二、实训准备

1. 实训车辆检查

根据任务要求，将实训车辆停放在规定位置，安全固定后检查车辆状况并将检查结果记录在下表中。

实训车辆检查

品牌型号		VIN	
行驶里程		发动机号码	
外观检查			
内部检查			

2. 实训器材准备

根据任务要求，准备相关的实训器材，清点核对后将检查结果记录在下表中。

实训器材清单

序号	名称	说明	检查结果
1	举升机		
2	千斤顶		
3	翻转台架		
4	零件车		
5	工具车		
6	离合器对心工具	与实训车辆相匹配	

续表

序号	名称	说明	检查结果
7	吸油纸		
8	抹布		
9	维修手册	与实训车辆相匹配	

3. 安全防护措施

（1）实训人员应穿工作服和防护鞋。

（2）实训车辆应做好防护，确保车辆举升安全可靠。

（3）操作过程应规范、标准，设备使用应严格遵守操作规程，注意人身和设备安全。

（4）遵循“8S”管理规定。

三、技能训练

变速器和离合器的拆卸与检查

班级：　　　　　　　　姓名：　　　　　　　　工位：

序号	操作步骤	操作内容	情况记录
1	拆卸离合器工作缸	（1）关闭点火开关，拆卸蓄电池负极电缆	拆卸蓄电池负极电缆前，对带有故障自诊断功能的车辆，应用________读取故障代码，以防止故障代码和有关资料信息丢失 拆卸前，必须关闭________
		（2）拆卸空气滤清器壳体	严禁野蛮操作，以防损坏车身
		（3）将组合管路的夹箍拔出，从卡座中拔出管路	从离合器工作缸中拔出管路并________

续表

序号	操作步骤	操作内容	情况记录
1	拆卸离合器工作缸	（4）使用工具________拆卸离合器工作缸的固定螺栓，并取下离合器工作缸	拆下离合器工作缸后，不允许________________，以防活塞被压出
2	拆卸换挡杆	（1）旋下换挡杆手柄 （2）拆卸换挡杆防尘罩 （3）拆卸上换挡杆，使上、下换挡杆分离 （4）拆卸下换挡杆	拆卸防尘罩时，用手将盖板先向后推压，然后再提起 使用工具__________拆卸下换挡杆螺栓和螺母
3	拆卸变速器外围附件	（1）拆卸轮速传感器 （2）拆卸氧传感器 1）拔下氧传感器线束插头 2）取下氧传感器 （3）拔下倒车灯开关线束插头 （4）拆卸左、右半轴	使用________拆卸轮速传感器固定螺栓；拔下轮速传感器线束插头时，应____________________，不可拉拽线束 将半轴从变速器上拆下，并固定好

续表

序号	操作步骤	操作内容	情况记录
3	拆卸变速器外围附件	（5）安装千斤顶	随时调整举升机和千斤顶的高度
		（6）拆卸变速器固定螺栓，并使用________压出分离杠杆球头	配合使用________进行托举
		（7）拆卸第 2 节排气管	使用________分________次拧松、拆卸螺栓和螺母
		（8）拆卸排气管固定支架	如果螺栓因高温氧化而锈蚀，难以拆卸，可先喷________除锈，然后再拆
		（9）使用________拆卸起动机总成固定螺栓，使其与变速器壳体分离	
4	拆卸变速器总成	（1）拆卸减振垫下支架固定螺栓 （2）拆卸上支架固定螺栓	
		（3）使用______将变速器与发动机分离，抬下变速器总成	抬下变速器总成的过程中要注意安全
		（4）放置变速器总成	用________固定变速器总成，以防发生安全事故

续表

序号	操作步骤	操作内容	情况记录
5	拆卸离合器	（1）安装______ （2）拆卸离合器总成固定螺栓 （3）取下离合器总成 （4）取下离合器摩擦片	找准______ 分____次对角拧松螺栓 取下时，避免离合器摩擦片掉落 离合器摩擦片表面_____，以防装复后造成摩擦片打滑
6	检查离合器	（1）检查离合器摩擦片和离合器表面是否严重磨损 （2）使用_____测量离合器摩擦片表面到铆钉的深度	检查____________ 测量___个点，极限值为____mm 离合器摩擦片表面到铆钉的深度为________
7	拆卸中央继电器盒	（1）拆卸仪表板左侧盖板 （2）拆卸组合开关下护罩 拆下组合开关下护罩固定螺钉，取下组合开关下护罩 （3）拆卸仪表板左下护罩 拆下仪表板左下护罩固定螺钉，取出仪表板左下护罩 （4）拆卸中央继电器盒固定螺钉	

续表

序号	操作步骤	操作内容	情况记录
7	拆卸中央继电器盒	（5）向外拉出中央继电器盒	不可过多拉拽中央继电器盒，以防损坏插头和线束
8	拆卸离合器总泵	（1）抽出离合器总泵油罐内的________ （2）分离油罐与油管 （3）分离离合器总泵与离合器踏板的连接 （4）拆下离合器总泵固定螺栓 （5）取出离合器总泵并检查	检查____________________
9	操作后整理	按照“8S”管理规定打扫卫生，整理实训场地	

任务总结

对任务完成情况、技术要点、操作注意事项、存在问题等进行总结。

四、考核评价

考核评价表

班级：　　　　　　　　姓名：　　　　　　　　工位：

项目	评价内容	评价要点	配分	评价
准备工作	实训车辆检查	实训车辆停放在规定位置，固定安全，状况良好	2	
	实训器材准备	实训器材配备齐全	2	
		举升机使用情况良好，锁止装置正常	2	
		工具车中工具齐全，无损坏；离合器对心工具工作正常	2	
	安全防护	防护用品穿戴整齐	2	
		实训车辆防护措施到位	2	
专业技能	操作要点和技术规范	正确拆卸离合器工作缸	7	
		正确拆卸换挡杆	7	
		正确拆卸变速器外围部件	7	
		正确使用专业工具压出分离杠杆球头	7	
		正确拆卸变速器总成	7	
		正确使用离合器对心工具拆卸离合器	7	
		根据维修手册，检查离合器摩擦片和离合器表面，测量离合器摩擦片表面到铆钉的深度	7	
		正确拆卸中央继电器盒	7	
		正确拆卸离合器总泵	7	
		根据维修手册，检查离合器总泵	7	
职业素养	“8S”管理	遵循“8S”管理规定（整理、整顿、清扫、清洁、素养、安全、节约、学习）	8	
	资料查询和报告撰写	正确使用维修手册查询资料，并记录技能训练情况	5	
		根据实训要求，积极参与课堂汇报，并撰写好总结报告	5	
安全生产	因违规操作导致工具、设备损坏，扣 10 分			
	因违规操作导致触电、火灾、人身安全事故、设备重大损坏，记 0 分			
总评分				

教师签名：　　　　　　　　　　　　考核日期：

任务3 变速器和离合器的安装

一、实训目标

1. 能按照规范流程完成变速器总成的安装。
2. 能按照规范流程完成离合器和离合器总泵的安装与调整。
3. 能总结变速器和离合器安装中的注意事项。

二、实训准备

1. 实训车辆检查

根据任务要求，将实训车辆停放在规定位置，安全固定后检查车辆状况并将检查结果记录在下表中。

实训车辆检查

品牌型号		VIN	
行驶里程		发动机号码	
外观检查			
内部检查			

2. 实训器材准备

根据任务要求，准备相关的实训器材，清点核对后将检查结果记录在下表中。

实训器材清单

序号	名称	说明	检查结果
1	举升机		
2	千斤顶		
3	翻转台架		
4	零件车		
5	工具车		
6	离合器对心工具	与实训车辆相匹配	

续表

序号	名称	说明	检查结果
7	离合器液压油	与实训车辆相匹配	
8	吸油纸		
9	抹布		
10	维修手册	与实训车辆相匹配	

3. 安全防护措施

（1）实训人员应穿工作服和防护鞋。

（2）实训车辆应做好防护，确保车辆举升安全可靠。

（3）操作过程应规范、标准，设备使用应严格遵守操作规程，注意人身和设备安全。

（4）遵循“8S”管理规定。

三、技能训练

变速器和离合器的安装

班级：　　　　　　　　姓名：　　　　　　　　工位：

序号	操作步骤	操作内容	情况记录
1	装复离合器总泵	（1）将离合器总泵安装到位 （2）安装________ （3）安装离合器总泵出油管和进油管	按规定力矩拧紧离合器总泵固定螺栓 离合器总泵固定螺栓的拧紧力矩为________________
2	装复离合器	（1）安装离合器摩擦片	安装时，离合器摩擦片平面朝向______；离合器摩擦片表面不应__________，以防装复后造成离合器摩擦片打滑

续表

序号	操作步骤	操作内容	情况记录
2	装复离合器	（2）安装离合器总成 （3）定位离合器摩擦片 （4）使用________按规定力矩拧紧离合器总成固定螺栓	用变速器输入轴插入飞轮或者使用______________使离合器摩擦片定位 分________次对角拧紧螺栓 离合器总成固定螺栓的拧紧力矩为______________
3	装复变速器总成	（1）抬起变速器总成，将变速器总成上的输入轴对准______________，推入变速器总成 （2）按规定力矩拧紧变速器与发动机之间的连接螺栓	抬起变速器总成的过程中要注意安全 保持发动机稳固，以防发生安全事故 变速器与发动机之间的连接螺栓的拧紧力矩为____________
4	装复变速器外围附件	（1）按规定力矩拧紧上支架固定螺栓和减振垫下支架固定螺栓 （2）安装起动机总成	上支架固定螺栓的拧紧力矩为______________ 减振垫下支架固定螺栓的拧紧力矩为______________ 起动机总成固定螺栓的拧紧力矩为______________

续表

序号	操作步骤	操作内容	情况记录
4	装复变速器外围附件	（3）安装排气管固定支架 （4）安装第 2 节排气管 （5）按规定力矩拧紧变速器固定螺栓，安装分离杠杆球头 （6）安装左、右半轴 （7）安装氧传感器 （8）安装倒车灯开关线束插头 （9）安装轮速传感器	变速器固定螺栓的拧紧力矩为________________ 轮速传感器固定螺栓的拧紧力矩为________________
5	装复换挡杆	（1）安装下换挡杆 （2）安装上换挡杆，使上、下换挡杆结合 （3）安装换挡杆防尘罩 （4）旋上换挡杆手柄	按规定力矩拧紧螺栓 下换挡杆螺栓的拧紧力矩为________________ 检查防尘罩是否损坏，若是，应______ 将手柄上的挡位图标调正

续表

序号	操作步骤	操作内容	情况记录
6	调整离合器	（1）安装离合器工作缸 （2）将组合管路插入离合器工作缸卡座中，并用______进行紧固 （3）安装空气滤清器壳体 （4）加注离合器液压油 （5）将软管连接离合器总泵放气孔 （6）踩住离合器踏板，松开放油螺栓，直至软管中没有气泡	应将液压油加注到规定液面高度（__________________） 反复踩踏离合器踏板________________，并保持在踩下位置
7	装复中央继电器盒	（1）将中央继电器盒装复到位 （2）按规定力矩拧紧中央继电器盒固定螺钉 （3）安装仪表板左下护罩 将仪表板左下护罩装复到位，拧紧仪表板左下护罩固定螺钉 （4）安装组合开关下护罩 将组合开关下护罩装复到位，拧紧组合开关下护罩固定螺钉	不可过多拉拽中央继电器盒，以防损坏插头和线束 中央继电器盒固定螺钉的拧紧力矩为________________

续表

序号	操作步骤	操作内容	情况记录
7	装复中央继电器盒	（5）安装仪表板左侧盖板 （6）连接蓄电池负极电缆	
8	操作后整理	按照“8S”管理规定打扫卫生，整理实训场地	
任务总结			
对任务完成情况、技术要点、操作注意事项、存在问题等进行总结。			

四、考核评价

考核评价表

班级： 姓名： 工位：

项目	评价内容	评价要点	配分	评价
准备工作	实训车辆检查	实训车辆停放在规定位置，固定安全，状况良好	2	
	实训器材准备	实训器材配备齐全	2	
		举升机使用情况良好，锁止装置正常	2	
		工具车中工具齐全，无损坏；离合器对心工具工作正常	2	

续表

<table>
<tr><th>项目</th><th>评价内容</th><th>评价要点</th><th>配分</th><th>评价</th></tr>
<tr><td rowspan="2">准备工作</td><td rowspan="2">安全防护</td><td>防护用品穿戴整齐</td><td>2</td><td></td></tr>
<tr><td>实训车辆防护措施到位</td><td>2</td><td></td></tr>
<tr><td rowspan="10">专业技能</td><td rowspan="10">操作要点和技术规范</td><td>正确装复离合器总泵</td><td>7</td><td></td></tr>
<tr><td>正确使用离合器对心工具定位离合器摩擦片</td><td>7</td><td></td></tr>
<tr><td>正确装复离合器</td><td>7</td><td></td></tr>
<tr><td>正确装复变速器总成</td><td>7</td><td></td></tr>
<tr><td>正确装复变速器外围部件</td><td>7</td><td></td></tr>
<tr><td>正确装复换挡杆</td><td>7</td><td></td></tr>
<tr><td>正确安装离合器工作缸</td><td>7</td><td></td></tr>
<tr><td>正确加注离合器液压油并排除空气</td><td>7</td><td></td></tr>
<tr><td>正确装复中央继电器盒</td><td>7</td><td></td></tr>
<tr><td>正确连接蓄电池负极电缆</td><td>7</td><td></td></tr>
<tr><td rowspan="3">职业素养</td><td>“8S”管理</td><td>遵循“8S”管理规定（整理、整顿、清扫、清洁、素养、安全、节约、学习）</td><td>8</td><td></td></tr>
<tr><td rowspan="2">资料查询和报告撰写</td><td>正确使用维修手册查询资料，并记录技能训练情况</td><td>5</td><td></td></tr>
<tr><td>根据实训要求，积极参与课堂汇报，并撰写好总结报告</td><td>5</td><td></td></tr>
<tr><td rowspan="2">安全生产</td><td colspan="3">因违规操作导致工具、设备损坏，扣 10 分</td><td></td></tr>
<tr><td colspan="3">因违规操作导致触电、火灾、人身安全事故、设备重大损坏，记 0 分</td><td></td></tr>
<tr><td colspan="4">总评分</td><td></td></tr>
</table>

教师签名：　　　　　　　　　　　　考核日期：

任务4　主减速器和差速器的拆装

一、实训目标

1. 能按照规范流程完成主减速器和差速器的拆装。
2. 能描述主减速器和差速器的组成和功能。
3. 能总结主减速器和差速器拆装中的注意事项。

二、实训准备

1. 变速器总成检查

根据任务要求，检查变速器总成的状况并将检查结果记录在下表中。

变速器总成检查

车型		变速器型号	
变速器类型		变速器挡位数	
外观检查			

2. 实训器材准备

根据任务要求，准备相关的实训器材，清点核对后将检查结果记录在下表中。

实训器材清单

序号	名称	说明	检查结果
1	台虎钳		
2	翻转台架		
3	零件车		
4	工具车		
5	油盆		
6	吸油纸		
7	抹布		
8	防护手套		
9	维修手册	与变速器相匹配	

3. 安全防护措施

（1）实训人员应穿工作服和防护鞋，戴防护手套。

（2）变速器总成应确保在翻转台架上安装稳固。

（3）操作过程应规范、标准，设备使用应严格遵守操作规程，注意人身和设备安全。

（4）遵循“8S”管理规定。

三、技能训练

主减速器和差速器的拆装

班级：　　　　　　　　　姓名：　　　　　　　　　工位：

序号	操作步骤	操作内容	情况记录
1	安装变速器总成	（1）将变速器总成固定在__________上 （2）将油盆置于变速器总成放油螺栓下方 （3）松开放油螺栓，将变速器油放空	安装后，仔细检查变速器总成是否稳固
2	拆卸半轴	（1）使用__________拆卸左半轴固定螺栓 （2）取下左半轴	拆卸前，须将变速器挂入__________，并锁住变速器输入轴 右半轴的拆卸方法与左半轴相同
3	拆卸主减速器	（1）拆下车速传感器 （2）使用________拆卸主减速器盖固定螺栓 （3）取下主减速器盖	此处有______个螺栓，分2～3次对角拧松 用__________轻轻敲击端盖，使其松动，拆下端盖

续表

序号	操作步骤	操作内容	情况记录
3	拆卸主减速器	（4）取出主减速器总成	取出主减速器总成时，应避免零件掉落，以防发生安全事故
4	分解主减速器	（1）在主减速器从动齿轮和壳体上做好标记	做标记的目的是______________________________
		（2）将差速器壳体固定在台虎钳上	应用______________固定差速器壳体，以防损坏
		（3）使用_______拆卸主减速器从动齿轮的固定螺栓	此处有_____个螺栓，分2～3次对角拧松
		（4）取下主减速器从动齿轮	
5	分解差速器	（1）取下差速器轴锁销	用________________冲击，取下差速器轴锁销
		（2）取下差速器轴	
		（3）转动行星齿轮	将行星齿轮转动________
		（4）取出行星齿轮	行星齿轮有_____个

续表

序号	操作步骤	操作内容	情况记录
5	分解差速器	（5）取出差速器半轴齿轮	差速器半轴齿轮有______个
		（6）取下复合垫片	
		（7）拆卸后的零件按顺序摆放整齐，以便于组装	培养良好的工作习惯，有助于安全操作和提高工作效率
6	组装差速器	（1）安装复合垫片	
		（2）安装______个差速器半轴齿轮	
		（3）安装2个行星齿轮	安装时，应使2个行星齿轮的______对齐，否则差速器轴将无法装复
		（4）转动行星齿轮	将行星齿轮转动__________，将2个行星齿轮的轴孔与差速器壳体上的轴孔对齐
		（5）安装差速器轴	将差速器轴上的销孔与____________________________对齐
		（6）安装差速器轴锁销	使用______将锁销轻敲到位

续表

序号	操作步骤	操作内容	情况记录
7	组装 主减速器	（1）安装主减速器从动齿轮 （2）将差速器壳体固定在________上 （3）按规定力矩拧紧主减速器从动齿轮的固定螺栓	安装时，注意____________________________ 应用铝质的夹具固定差速器壳体，以防损坏 此处有____个螺栓，分 2 ~ 3 次对角拧紧 主减速器从动齿轮的固定螺栓的拧紧力矩为______________
8	装复主减 速器和 半轴	（1）将主减速器总成装复到位 1）将主减速器总成放入变速器壳体内 2）安装主减速器盖 （2）按规定力矩拧紧主减速器盖固定螺栓 （3）安装车速传感器 （4）装复半轴并按规定力矩拧紧固定螺栓	 此处有______个螺孔，位置必须全部______ 主减速器盖固定螺栓的拧紧力矩为_________________ 螺栓的拧紧力矩为_________

续表

序号	操作步骤	操作内容	情况记录
9	操作后整理	按照“8S”管理规定打扫卫生，整理实训场地	

任务总结
对任务完成情况、技术要点、操作注意事项、存在问题等进行总结。

四、考核评价

考核评价表

班级：　　　　　　　　姓名：　　　　　　　　工位：

项目	评价内容	评价要点	配分	评价
准备工作	变速器总成检查	变速器总成放置于规定位置，状况良好	2	
	实训器材准备	实训器材配备齐全	2	
		台虎钳使用情况良好	2	
		工具车中工具齐全，无损坏	2	
	安全防护	防护用品穿戴整齐	2	
		变速器总成在翻转台架上安装稳固	2	

续表

项目	评价内容	评价要点	配分	评价
专业技能	操作要点和技术规范	正确拆卸半轴	7	
		正确拆卸主减速器	7	
		正确分解主减速器	7	
		正确分解差速器	7	
		正确组装差速器	7	
		正确组装主减速器	7	
		正确装复主减速器	7	
		正确装复半轴	7	
		根据维修手册，按规定力矩正确拧紧差速器各固定螺栓	14	
职业素养	“8S”管理	遵循“8S”管理规定（整理、整顿、清扫、清洁、素养、安全、节约、学习）	8	
	资料查询和报告撰写	正确使用维修手册查询资料，并记录技能训练情况	5	
		根据实训要求，积极参与课堂汇报，并撰写好总结报告	5	
安全生产	因违规操作导致工具、设备损坏，扣 10 分			
	因违规操作导致触电、火灾、人身安全事故、设备重大损坏，记 0 分			
总评分				

教师签名：　　　　　　　　　　　　　　考核日期：

模块六　手动变速器的拆装与检修

任务❶　手动变速器的分解

一、实训目标

1. 能按照规范流程完成手动变速器的分解。
2. 能描述手动变速器的组成。
3. 能总结手动变速器分解中的注意事项。

二、实训准备

1. 变速器总成检查

根据任务要求，检查变速器总成的状况并将检查结果记录在下表中。

变速器总成检查

车型		变速器型号	
变速器类型		变速器挡位数	
外观检查			

2. 实训器材准备

根据任务要求，准备相关的实训器材，清点核对后将检查结果记录在下表中。

实训器材清单

序号	名称	说明	检查结果
1	翻转台架		
2	专用压床		
3	零件车		
4	工具车		
5	油盆		
6	吸油纸		

续表

序号	名称	说明	检查结果
7	抹布		
8	防护手套		
9	维修手册	与变速器相匹配	

3．安全防护措施

（1）实训人员应穿工作服和防护鞋，戴防护手套。

（2）变速器总成应确保在翻转台架上安装稳固。

（3）操作过程应规范、标准，设备使用应严格遵守操作规程，注意人身和设备安全。

（4）遵循“8S”管理规定。

三、技能训练

手动变速器的分解

班级：　　　　　　　　姓名：　　　　　　　　工位：

序号	操作步骤	操作内容	情况记录
1	安装变速器总成	（1）将变速器总成固定在__________上 （2）将油盆置于变速器总成放油螺栓下方 （3）松开放油螺栓，将变速器油放空 （4）拆卸__________	安装后，仔细检查变速器总成是否稳固
2	拆卸后端盖	（1）拆卸倒车灯开关 （2）拆卸变速器后端盖的密封盖 （3）拆卸输出轴固定螺栓	拆卸时需要__________

续表

序号	操作步骤	操作内容	情况记录
2	拆卸后端盖	（4）拆卸后端盖固定螺栓 （5）取下后端盖	此处有______个螺栓，分2~3次对角拧松
3	分解后端盖	（1）拆下后端盖内换挡杆油封 （2）拆下内换挡杆的衬套 （3）取下挡油圈和后盖轴承 （4）拆下挡位定位销	
4	拆卸换挡操纵机构	（1）拆卸五挡同步器总成、齿轮、滚针轴承和内衬套等 1）取出五挡拨叉锁销 2）将拨叉向左转动 3）取出五挡同步器总成和齿轮 4）取出五挡滚针轴承 5）取出五挡内衬套 6）取出垫圈	用______轻敲取出锁销 向左转动的目的是____________，以便于拆卸 注意拨叉的方向 检查滚针轴承磨损情况，若磨损严重，应______ 垫圈的作用是____________________
		（2）取出换挡拨叉轴	一边转动，一边向外拉出换挡拨叉轴
		（3）取出一/二挡拨叉锁销	

续表

序号	操作步骤	操作内容	情况记录
4	拆卸换挡操纵机构	（4）取出一 / 二挡拨叉 （5）拆卸五挡常啮合齿轮固定螺母 （6）取出五挡常啮合齿轮	
5	拆卸壳体总成	（1）拆卸壳体总成固定螺栓 （2）取下壳体总成	此处有______个螺栓，分 2 ~ 3 次对角拧松 如果壳体总成安装太紧，可用______敲击固定位置，不可用旋具撬两接触面，以防______
6	分解五挡同步器总成	（1）取下五挡同步器齿圈 （2）取下五挡同步器锁环 （3）取下五挡同步器接合套 （4）取下五挡同步器滑块 （5）取下五挡同步器外滑块弹簧 （6）取下五挡同步器内滑块弹簧 （7）按顺序将零部件置于工作台上，以便于检查与组装	

续表

序号	操作步骤	操作内容	情况记录
7	分解壳体总成	（1）拆卸自锁装置 1）取出一 / 二挡自锁螺塞 2）取出一 / 二挡自锁装置 3）取出三 / 四挡自锁螺塞 4）取出三 / 四挡自锁装置 5）取出倒挡自锁螺塞 6）取出倒挡自锁装置 （2）拆卸倒挡拨叉 1）拆卸倒挡拨叉定位螺栓 2）拆卸倒挡拨叉固定螺栓 3）取出倒挡拨叉轴 4）取出倒挡拨叉 （3）取出三 / 四挡拨叉轴	
		（4）取出互锁装置	变速器在3根换挡拨叉轴之间装有4个锁球和1根锁销。当移动一根拨叉轴时，锁球便从该轴侧面的凹槽中挤出，而将另外两根拨叉轴锁住，从而保证同一时刻只能挂入一个挡位
		（5）拆卸输出轴隔垫固定螺栓	
		（6）取出输入轴、输出轴	
		（7）压出变速器齿轮	使用______压出齿轮，以防损坏零件
		（8）取出倒挡轴	
		（9）取出倒挡齿轮	

续表

序号	操作步骤	操作内容	情况记录
7	分解壳体总成	（10）拆卸输入轴的中间轴承卡环和轴承	
8	分解输入轴	（1）拆下四挡齿轮卡环	使用________拆卸，避免刮伤输入轴
		（2）取下四挡齿轮	
		（3）取下四挡滚针轴承	滚针轴承为易损件，拆下时应检查是否损伤
		（4）拆卸同步器卡环	检查同步器卡环是否损坏
		（5）取出三 / 四挡同步器总成	
		（6）取下三挡齿轮	
		（7）取下三挡滚针轴承	
9	分解三 / 四挡同步器总成	（1）取下同步器四挡锁环	
		（2）取下同步器三挡锁环	
		（3）取下同步器接合套	
		（4）取下同步器滑块	
		（5）取下同步器滑块弹簧	两面各有一根滑块弹簧

续表

序号	操作步骤	操作内容	情况记录
9	分解三/四挡同步器总成	（6）按顺序将零部件置于工作台上，以便于检查与组装	
10	分解输出轴	（1）拆下输出轴内后外轴承和外圈 （2）拆下输出轴内后内轴承 （3）拆卸输出轴隔垫 （4）拆卸一挡齿轮 （5）拆卸一挡滚针轴承 （6）拆卸一挡轴承衬套 （7）取出一/二挡同步器锁环 （8）取出一/二挡同步器总成 （9）取出二挡滚针轴承、齿轮 （10）拆下三挡常啮合齿轮锁环 （11）拆卸三挡常啮合齿轮 （12）拆卸四挡常啮合齿轮	使用__________压出输出轴内后外轴承和外圈 使用__________压出三挡常啮合齿轮

续表

序号	操作步骤	操作内容	情况记录
11	分解一 / 二挡同步器总成	（1）取下同步器一挡锁环 （2）取下同步器二挡锁环 （3）取下同步器接合套 （4）取下同步器滑块 （5）取下同步器滑块弹簧 （6）按顺序将零部件置于工作台上，以便于检查与组装	两面各有一根滑块弹簧
12	操作后整理	按照“8S”管理规定打扫卫生，整理实训场地	

任务总结

1. 对任务完成情况、技术要点、操作注意事项、存在问题等进行总结。
2. 描述手动变速器的组成。

四、考核评价

考核评价表

班级：　　　　　　　　姓名：　　　　　　　　工位：

项目	评价内容	评价要点	配分	评价
准备工作	变速器总成检查	变速器总成放置于规定位置，状况良好	2	
	实训器材准备	实训器材配备齐全	2	
		专用压床使用情况良好	2	
		工具车中工具齐全，无损坏	2	
	安全防护	防护用品穿戴整齐	2	
		变速器总成在翻转台架上安装稳固	2	
专业技能	操作要点和技术规范	正确拆卸后端盖	7	
		正确分解后端盖	7	
		正确拆卸换挡操纵机构	7	
		正确拆卸壳体总成	7	
		正确分解五挡同步器总成	7	
		正确分解壳体总成	7	
		正确分解输入轴	7	
		正确分解三 / 四挡同步器总成	7	
		正确分解输出轴	7	
		正确分解一 / 二挡同步器总成	7	
职业素养	“8S”管理	遵循“8S”管理规定（整理、整顿、清扫、清洁、素养、安全、节约、学习）	8	
	资料查询和报告撰写	正确使用维修手册查询资料，并记录技能训练情况	5	
		根据实训要求，积极参与课堂汇报，并撰写好总结报告	5	
安全生产	因违规操作导致工具、设备损坏，扣10分			
	因违规操作导致触电、火灾、人身安全事故、设备重大损坏，记0分			
总评分				

教师签名：　　　　　　　　　　考核日期：

任务2　手动变速器零部件的清洗与检查

一、实训目标

1. 能按照规范流程完成手动变速器零部件的清洗与检查。
2. 能判断零部件的质量状况。
3. 能总结手动变速器零部件的清洗方法和检查要点。

二、实训准备

1. 变速器零部件检查

根据任务要求，检查变速器零部件的状况并将检查结果记录在下表中。

变速器零部件检查

车型		变速器型号	
变速器类型		变速器挡位数	
零部件 摆放情况			

2. 实训器材准备

根据任务要求，准备相关的实训器材，清点核对后将检查结果记录在下表中。

实训器材清单

序号	名称	说明	检查结果
1	零件车		
2	工具车		
3	油盆		
4	汽油（或溶剂）		
5	软毛刷		
6	吹尘枪		
7	吸油纸		
8	抹布		
9	维修手册	与变速器相匹配	

3. 安全防护措施

（1）实训人员应穿工作服和防护鞋。

（2）远离火源，以防引发火灾。

（3）操作过程应规范、标准，设备使用应严格遵守操作规程，注意人身和设备安全。

（4）遵循“8S”管理规定。

三、技能训练

手动变速器零部件的清洗与检查

班级：　　　　　　　　姓名：　　　　　　　　工位：

序号	操作步骤	操作内容	情况记录
1	清洗零部件	（1）清洗壳体总成零部件	使用________和________彻底清洗零部件；____________不可用汽油清洗
		（2）清洗各齿轮	
		（3）清洗各同步器总成零部件	
		（4）吹干零部件	用______吹干零部件；为避免飞溅，可用抹布遮挡
2	检查零部件	（1）检查齿轮磨损情况	若齿轮出现偏磨，必须______
		（2）检查齿轮损坏情况	若齿轮出现断齿、裂齿，必须____
		（3）检查同步器接合套磨损情况	若齿尖磨损、滑块定位槽磨损，必须______

续表

序号	操作步骤	操作内容	情况记录
2	检查零部件	（4）检查同步器锁环磨损情况	若齿尖磨损，必须______
		（5）检查自锁装置弹簧	检查弹簧的______ 弹簧的长度为______
		（6）检查互锁装置锁销	检查锁销的______ 锁销的直径为______
		（7）检测输入轴弯曲度	将输入轴放置在V形架上，使用______进行测量 输入轴的弯曲度为______
		（8）检测输入轴磨损量	使用______测量输入轴轴颈部位的磨损量 输入轴的磨损量为______
		（9）检测输出轴磨损量	使用______测量输出轴轴颈部位的磨损量 输出轴的磨损量为______
		（10）检测壳体平面度	使用______对中间壳体后端面进行平面度检测 壳体的平面度为______

续表

序号	操作步骤	操作内容	情况记录
2	检查零部件	（11）检查滚针轴承磨损情况	检查滚针和保持架是否断裂，检查滚针是否松旷
		（12）检查圆锥滚子轴承磨损情况	检查滚子和保持架是否断裂，检查滚子是否松旷
3	操作后整理	按照“8S”管理规定打扫卫生，整理实训场地	

任务总结

对任务完成情况、技术要点、操作注意事项、存在问题等进行总结。

四、考核评价

考核评价表

班级：　　　　　　　姓名：　　　　　　　工位：

项目	评价内容	评价要点	配分	评价
准备工作	变速器零部件检查	变速器零部件按顺序放置于规定位置，状况良好	2	
	实训器材准备	实训器材配备齐全	2	
		汽油（或溶剂）干净	2	
		工具车中工具齐全，无损坏	2	
	安全防护	防护用品穿戴整齐	2	
		远离火源	2	
专业技能	操作要点和技术规范	正确清洗壳体总成零部件	7	
		正确清洗各齿轮	7	
		正确清洗各同步器总成零部件	7	
		正确检查齿轮的磨损情况、损坏情况	7	
		正确检查同步器接合套和锁环的磨损情况	7	
		正确检查自锁装置弹簧和互锁装置锁销	7	
		正确检测输入轴的弯曲度	7	
		正确检测轴的磨损量	7	
		正确检测壳体的平面度	7	
		正确检查轴承的磨损情况	7	
职业素养	“8S”管理	遵循“8S”管理规定（整理、整顿、清扫、清洁、素养、安全、节约、学习）	8	
	资料查询和报告撰写	正确使用维修手册查询资料，并记录技能训练情况	5	
		根据实训要求，积极参与课堂汇报，并撰写好总结报告	5	
安全生产	因违规操作导致工具、设备损坏，扣 10 分			
	因违规操作导致触电、火灾、人身安全事故、设备重大损坏，记 0 分			
总评分				

教师签名：　　　　　　　　　　　考核日期：

任务3 手动变速器的组装

一、实训目标

1. 能按照规范流程完成手动变速器的组装。
2. 能总结手动变速器组装中的注意事项。

二、实训准备

1. 变速器零部件检查

根据任务要求，检查变速器零部件的状况并将检查结果记录在下表中。

变速器零部件检查

车型		变速器型号	
变速器类型		变速器挡位数	
零部件 摆放情况			

2. 实训器材准备

根据任务要求，准备相关的实训器材，清点核对后将检查结果记录在下表中。

实训器材清单

序号	名称	说明	检查结果
1	翻转台架		
2	专用压床		
3	零件车		
4	工具车		
5	吸油纸		
6	抹布		
7	防护手套		
8	维修手册	与变速器相匹配	

3. 安全防护措施

（1）实训人员应穿工作服和防护鞋，戴防护手套。

（2）操作过程应规范、标准，设备使用应严格遵守操作规程，注意人身和设备安全。

（3）遵循“8S”管理规定。

三、技能训练

手动变速器的组装

班级：　　　　　　　　姓名：　　　　　　　　工位：

序号	操作步骤	操作内容	情况记录
1	组装输出轴	（1）组装一 / 二挡同步器总成 1）将同步器齿圈装入同步器接合套	将齿圈的缺口对准接合套的＿＿＿后装入
		2）安装同步器滑块	将滑块的凸面对准接合套的＿＿＿方向
		3）安装同步器滑块弹簧	两面各有一根滑块弹簧；安装滑块弹簧时，必须锁住＿＿＿＿＿＿＿
		4）安装同步器锁环	两面各有一个锁环，将锁环上的＿＿＿对准滑块安装
		（2）安装四挡常啮合齿轮	先装入＿＿＿＿，再使用＿＿＿＿压上四挡常啮合齿轮
		（3）安装三挡常啮合齿轮	使用＿＿＿＿压上三挡常啮合齿轮
		（4）安装三挡常啮合齿轮锁环	
		（5）安装二挡滚针轴承	
		（6）安装二挡齿轮	
		（7）安装一 / 二挡同步器总成、锁环	同步器的方向不可安装错误，否则＿＿＿＿＿＿＿＿＿

续表

序号	操作步骤	操作内容	情况记录
1	组装 输出轴	（8）安装一挡轴承衬套、滚针轴承 （9）安装一挡齿轮 （10）安装输出轴隔垫 （11）安装输出轴内后内轴承 （12）安装输出轴内后外轴承和外圈	使用________压上输出轴内后外轴承和外圈
2	组装 输入轴	（1）组装三 / 四挡同步器总成 1）将同步器齿圈装入同步器接合套 2）安装同步器滑块 3）安装同步器滑块弹簧 4）安装同步器锁环 （2）安装三挡滚针轴承 （3）安装三挡齿轮 （4）安装三 / 四挡同步器总成 （5）安装同步器卡环 （6）安装四挡滚针轴承 （7）安装四挡齿轮	卡环________________

续表

序号	操作步骤	操作内容	情况记录
2	组装输入轴	（8）安装四挡齿轮卡环	
3	组装壳体总成	（1）安装输入轴的中间轴承及其卡环	卡环__________
		（2）安装倒挡齿轮	
		（3）安装倒挡轴	
		（4）安装变速器齿轮	使用________压入齿轮
		（5）安装输入轴、输出轴	将输入轴、输出轴一起装入______
		（6）按规定力矩拧紧输出轴隔垫固定螺栓	将输出轴固定后拧紧螺栓 输出轴隔垫固定螺栓的拧紧力矩为__________
		（7）安装互锁装置	
		（8）安装三 / 四挡拨叉轴	
		（9）安装倒挡拨叉 1）安装倒挡拨叉和倒挡拨叉轴 2）按规定力矩拧紧倒挡拨叉固定螺栓	倒挡拨叉固定螺栓的拧紧力矩为__________

续表

序号	操作步骤	操作内容	情况记录
3	组装壳体总成	3）按规定力矩拧紧倒挡拨叉定位螺栓 （10）安装自锁装置 （11）安装自锁螺塞	倒挡拨叉定位螺栓的拧紧力矩为________ 螺塞________
4	装复壳体总成	（1）将壳体总成安装在变速器前端盖上 （2）按规定力矩拧紧壳体总成固定螺栓	安装时，______应分别与里面的孔对齐 此处有_____个螺栓，分2～3次对角拧紧 壳体总成固定螺栓的拧紧力矩为________
5	装复换挡操纵机构	（1）组装五挡同步器总成 1）安装同步器内滑块弹簧 2）安装同步器滑块 3）安装同步器接合套 4）安装同步器外滑块弹簧 5）安装同步器锁环 6）安装同步器齿圈	将滑块的_____对准接合套的凹槽方向；安装时，3个滑块必须用________锁住 将接合套的_____对准滑块后装入 安装滑块弹簧时，必须锁住________

续表

序号	操作步骤	操作内容	情况记录
5	装复换挡操纵机构	（2）安装五挡常啮合齿轮 1）将五挡常啮合齿轮装入输出轴 2）按规定力矩拧紧五挡常啮合齿轮固定螺母 （3）安装一 / 二挡拨叉及其锁销 （4）安装换挡拨叉轴 （5）装复五挡同步器总成、齿轮、滚针轴承和内衬套等 1）安装垫圈 2）安装五挡内衬套 3）安装五挡滚针轴承 4）安装五挡同步器总成和齿轮 5）安装五挡拨叉锁销	五挡常啮合齿轮固定螺母的拧紧力矩为________ 用_____轻敲锁销到位
6	组装后端盖	（1）安装后端盖内换挡杆油封 （2）安装内换挡杆的衬套 （3）安装挡油圈和后盖轴承 （4）安装挡位定位销	后端盖内换挡杆油封_____ ________________ 内换挡杆的衬套________ ________________

续表

序号	操作步骤	操作内容	情况记录
7	装复后端盖	（1）装上后端盖 （2）按规定力矩拧紧后端盖固定螺栓 （3）拧紧输出轴固定螺栓 （4）安装变速器后端盖的密封盖 （5）安装倒车灯开关	 此处有______个螺栓，分 2 ~ 3 次对角拧紧 后端盖固定螺栓的拧紧力矩为________________ 操作时，需要锁住________
8	操作后整理	按照“8S”管理规定打扫卫生，整理实训场地	

任务总结
对任务完成情况、技术要点、操作注意事项、存在问题等进行总结。

四、考核评价

考核评价表

班级：　　　　　　　　姓名：　　　　　　　　工位：

项目	评价内容	评价要点	配分	评价
准备工作	变速器零部件检查	变速器零部件按顺序放置于规定位置，状况良好	2	
	实训器材准备	实训器材配备齐全	2	
		专用压床使用情况良好	2	
		工具车中工具齐全，无损坏	2	
	安全防护	防护用品穿戴整齐	2	
		变速器总成在翻转台架上安装稳固	2	
专业技能	操作要点和技术规范	正确组装输出轴	10	
		正确组装输入轴	10	
		正确组装壳体总成	10	
		正确装复壳体总成	10	
		正确装复换挡操纵机构	10	
		正确组装后端盖	10	
		正确装复后端盖	10	
职业素养	“8S”管理	遵循“8S”管理规定（整理、整顿、清扫、清洁、素养、安全、节约、学习）	8	
	资料查询和报告撰写	正确使用维修手册查询资料，并记录技能训练情况	5	
		根据实训要求，积极参与课堂汇报，并撰写好总结报告	5	
安全生产	因违规操作导致工具、设备损坏，扣 10 分			
	因违规操作导致触电、火灾、人身安全事故、设备重大损坏，记 0 分			
总评分				

教师签名：　　　　　　　　考核日期：